# 魔方高手制霸技

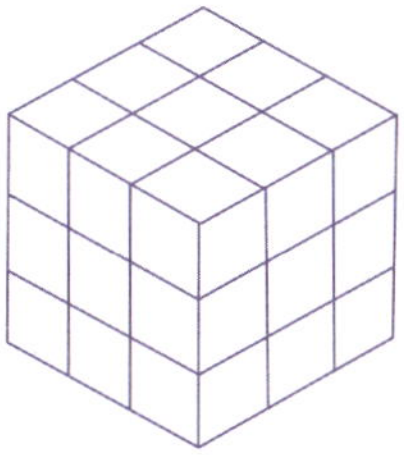

许技江 著
郭君逸 技法顾问

河南科学技术出版社
·郑州·

图书在版编目（CIP）数据

魔方高手制霸技/许技江著.—郑州：河南科学技术出版社，2012.5（2014.8 重印）
ISBN 978-7-5349-5240-1

Ⅰ.①魔…　Ⅱ.①许…　Ⅲ.①智力游戏　Ⅳ.①G898.2

中国版本图书馆CIP数据核字（2011）第199825号

出版发行：河南科学技术出版社
地址：郑州市经五路66号　邮编：450002
电话：（0371）65737028　65788613
网址：www.hnstp.cn
策划编辑：刘　欣
责任编辑：葛鹏程
责任校对：李淑华
封面设计：宋贺峰
责任印制：张艳芳
印　刷：北京盛通印刷股份有限公司
经　销：全国新华书店
幅面尺寸：210 mm × 210 mm　印张：5.5　字数：110千字
版　次：2012年 5 月第 1 版　2014年 8 月第 3 次印刷
定　价：28.00元

如发现印、装质量问题，影响阅读，请与出版社联系。

# Contents

# 目 录

# Contents

## 四阶魔方
## Rubik's Revenge

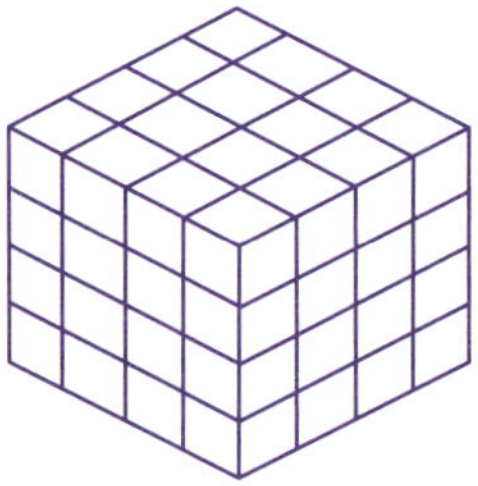

# Contents

# Contents

## Square-1 变形魔方

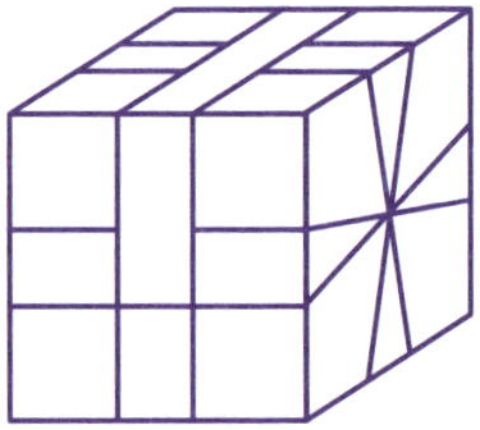

# Contents

## 魔方公式之进阶活用

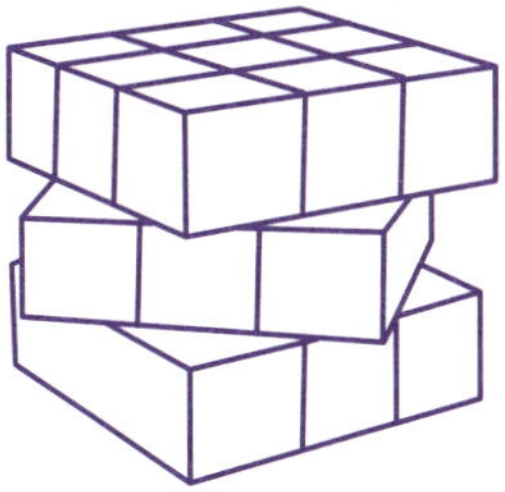

# 魔方小知识

Know-How

## 1.魔方由来

1974年魔方由匈牙利的Rubik教授所发明，起初是木制的，后来六面涂上不同颜色后，发现很难复原，就有人建议他将他所设计的木块当益智玩具来卖。Rubik教授觉得太难，应该不容易推行，因此只在1975年申请了匈牙利的专利。岂知魔方后来立刻风靡全球，于是就有玩具公司将其买下来并发行到全世界。起初名为“Magic Cube”，后来玩具公司改名为“Rubik's Cube”（在中国大陆称为魔方，在香港称为扭计骰），并且系列发展出四阶、五阶等多阶魔方，以及许多丰富多元的变形魔方，是有趣又能激荡脑力的益智玩具，与中国的华容道、法国的独立钻石棋并称为智力游戏界的三大不可思议。

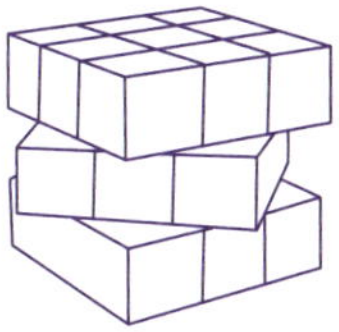

# 2. 选购魔方时要特别注意什么？

**选购的时候，最重要的就是顺手。**

早期的魔方并不好转，改进之后加入了弹簧结构，使其容错率（容错率就是某个方向可以不用转到正确位置，差一点点也没关系，然后可以直接转向另一个方向，方块会自己校正）提高。

塑料的材质会影响转动时的手感，人们一般喜欢静摩擦力大、动摩擦力小的材质。近来有厂商将魔方结构改成螺丝弹簧结构，玩家可以自己调整螺丝的松紧使之适合自己手的大小及力道。

Know-How

# 3. 魔方要如何保养？

身为一个魔方玩家，一定要会对自己的魔方做保养，使其达到顺手的程度，而且不容一丝“卡”的感觉。在保养方面可分为下列三部分：

**润滑：**除了把螺丝调整到适合自己的松紧之外，您还需要一瓶好的润滑液，建议使用物理性润滑液中的含硅的润滑液。这种润滑液通常会用在汽车电动窗或雨刷上，所以汽车用品店、大卖场或是网络上魔方的卖家都会出售。

**换贴纸：**魔方转久了，有时贴纸会脱落、褪色，这时可以用贴纸去除剂、贴纸去除器将旧的贴纸卸下，换上新贴纸，您的魔方就又跟新的一样了！

**除尘：**由于魔方是塑料制成的，在经过一段时间的转动后，容易出现摩擦产生的粉末，这时可利用吹尘器来清除。

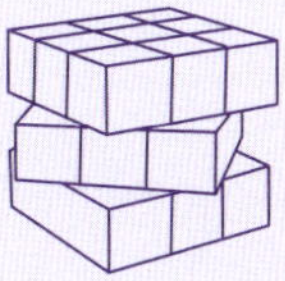

# 4. 魔方交流及比赛资讯

台湾举办的由WCA(世界魔方联盟)认可的魔方比赛次数并不多，不过相信随着魔方热的升温，会有越来越多的比赛，欢迎有兴趣的读者一起来共襄盛举。

台湾最大的魔方论坛在批踢踢(PTT)的魔方版(版名：Rubiks)，所有的同好都在这里讨论、分享心得。

此外，一些魔方的购物网站上的讨论区，也常常有不错的文章出现。而所有魔方比赛的信息，或者是哪个世界纪录又被刷新了之类的消息，都会在这些地方发布。世界各地举办的公开赛，当然也包括台湾今后的各项公开赛，都可以在WCA的网站(http://www.worldcubeassociation.org/)上查到。

Know-How

# 5. 魔方配备介绍

## 魔方的配备

**贴纸去除剂：**去除贴纸的残胶，好的贴纸撕起来通常不会有残胶，所以不常用到。

**贴纸去除器：**辅助撕贴纸的小器具，避免撕得手痛。

**螺丝起子：**调整方块螺丝的松紧。

**润滑剂：**减小塑料接触面之间的摩擦力。

**吹尘器：**用于吹掉灰尘。

**去渍油：**吹不掉的灰尘，可以用布蘸去渍油擦掉污渍。

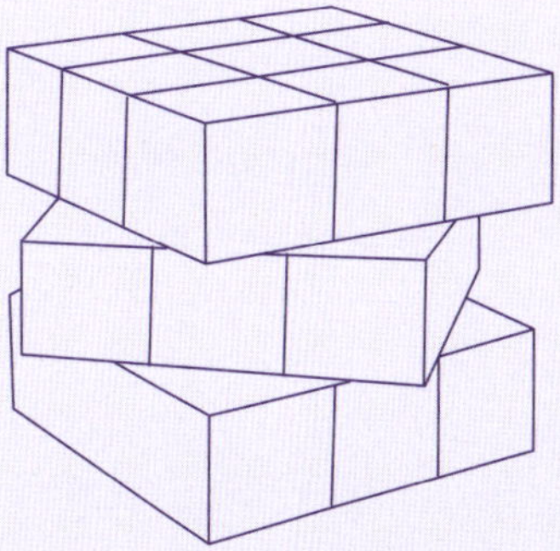

## 比赛方面的配备

**计时器：** 完成魔方计时，速度玩家必备。

**大软垫：** 魔方转完为了省时间，手会立刻丢开魔方去按停计时器。有软垫可以避免魔方直接撞击桌面，造成损坏。

**显示器：** 比赛时用于显示计时器的时间，方便观众观赏。

**电脑(乱数产生程式)：** 可以产生方块转乱的情形，方便记录和练习，当遇到觉得不熟的情况时可以重复练习或是请教他人。

# Chapter 1

# 三阶魔方

## Rubik's Cube

坊间买到的三阶魔方，通常都会附一张简易解法的说明，此解法流传已久，主要是要初学者背六七个公式，并说明遇到何种情况时用哪个公式。而本书所要呈现给读者的，是一种全新的解法概念，以最精练的说明，让初学者不需记忆刻板的公式，就可以完成魔方的六面。而此解法概念不只用在解三阶魔方上，几乎各种魔方都可以利用此法的变化来解出。

# 三阶魔方暖身操
# 名词解说

一个三阶魔方，依照官方正式的配色，各面颜色的相对位置应该如左下图所示。

| | | | |
|---|---|---|---|
| | 黄 | | |
| 蓝 | 红 | 绿 | 橙 |
| | 白 | | |

官方配色相对位置

**转法小档案**

## “8355转法”介绍：

这个转法，是以较少的公式，运用较多的观察和思考，帮助初学者不需记忆太多东西，就可以完成六面。

依照解法的分割，依序为8底(step1)、3边(step3)、5边(step4)、5角(step5)，故称为“8355 转法”。

如果您的颜色配置不同，则下列解法请对照转换成您的魔方颜色配置。以下例子中，会先转好白色面当做“底面”，白色面的对面是黄色面，我们称之为“顶面”，周围称为“四周面”，四周面分下层、中层、上层。

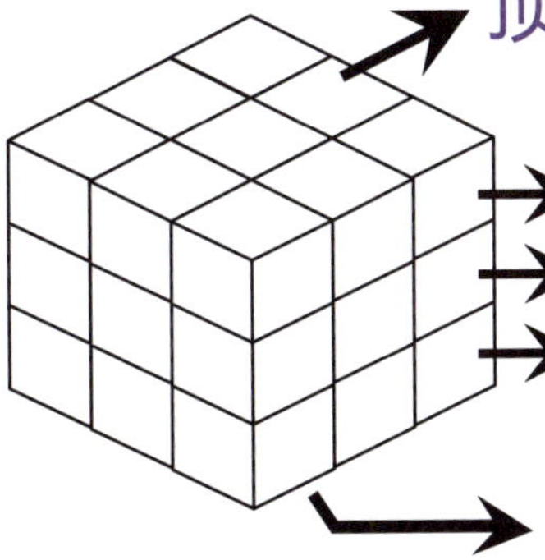


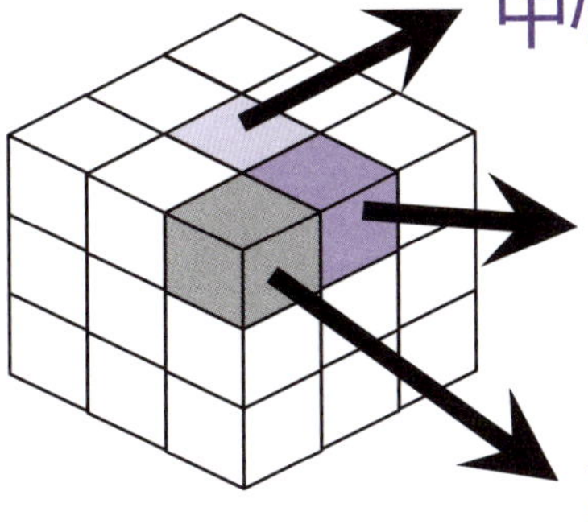


**NOTES！**

不论方块的每个面或每条中央线如何转，六个面中心的相对位置都不变。当随意转乱后，边块和角块会混乱，但将中心对照原本配色位置看看，可以知道，中心的位置其实是**不会动的**。

# 三阶魔方
## Rubik's Cube

## 解开三阶魔方，START！

## 第一层 Step 1

**第一层：以白色为第一层**

要完成一面并不是难事。如果真有困难，可以参考下面的转法：以中心为主，放在上面，其他边块和角块一次一个搬上去。

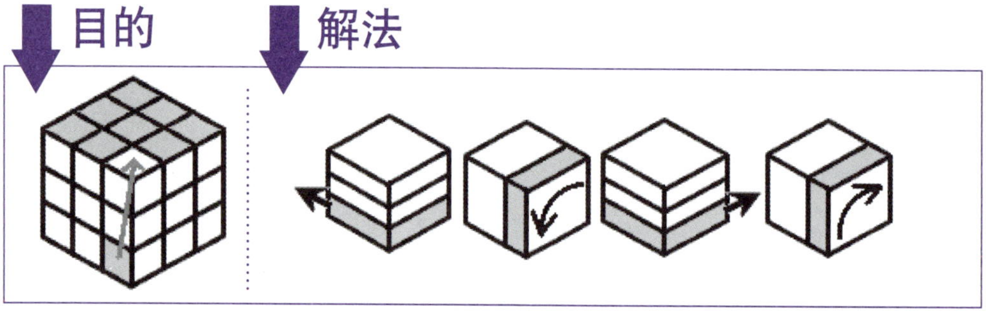

目的　解法

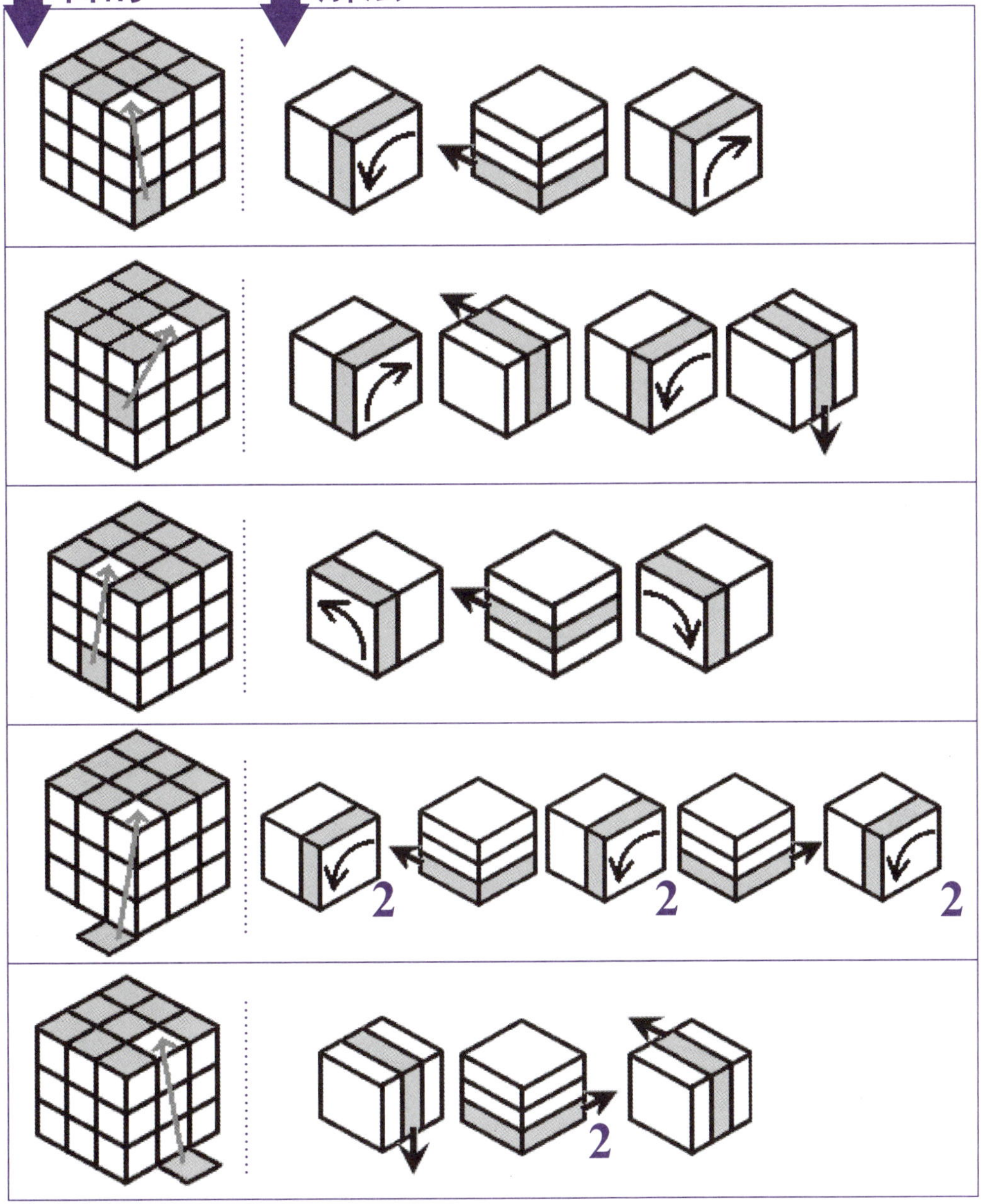


注：图后接“2”表示该图转两次。

## NOTES！

只完成了“一面”
而不是“一层”。

完成一层应该像这样，
才能再继续下去。

应该注意的是，转法有很多种，上面的几种请不要当公式死背，建议多多观察其原理，相信不难理解其中奥妙。此外，请注意不只要完成一面，而且要完成一层。所以白色的边块角块除了白色面之外，其他面的颜色应该与四周面的中心一致。若有错，请将错的转下来，再转到正确位置上去。

# 工作区(车厢) Step 2

**工作区：红绿交界的三格**

转好的白色面，请转成朝下，当做底面。实际上四个白色角块只需完成其中三个即可，为了说明转法，请读者留下白红绿角块。

为何不需要将白红绿角块转好呢？因为我们要用这个位置及其上方一格的边块位置当做“工作区”（叫做车厢也可以），来将其他边块转到应该到的位置。如果转好白红绿角块也没关系，因为等一下使用这块工作区时，白红绿角块可能会被移走。

小编体验笔记本

## 三阶魔方地雷区

当我沉浸于转动三阶魔方时，经常忘了转动必须在工作区执行，这样就使得转好的第一层（白色面）被移动。有时转得太忘我，到第一层完全被破坏时才发现，最后不得不一切重来。所以，每一步转动都不要忘了移至工作区啊！

# 中层 Step 3

**三个边块：绿橙边块、橙蓝边块、蓝红边块**

这部分我们要完成三个边块（绿橙边块、橙蓝边块、蓝红边块）。

首先，请观察四周面上层是否有这三个边块。如果有，请在中层寻找该边块要去的位置（一次一个）；找到后，同时转动中层及上层，使该边块要去的位置进到工作区。如下例所示，绿橙边块要移动到绿中心和橙中心（中间有一点的是橙色）之间。

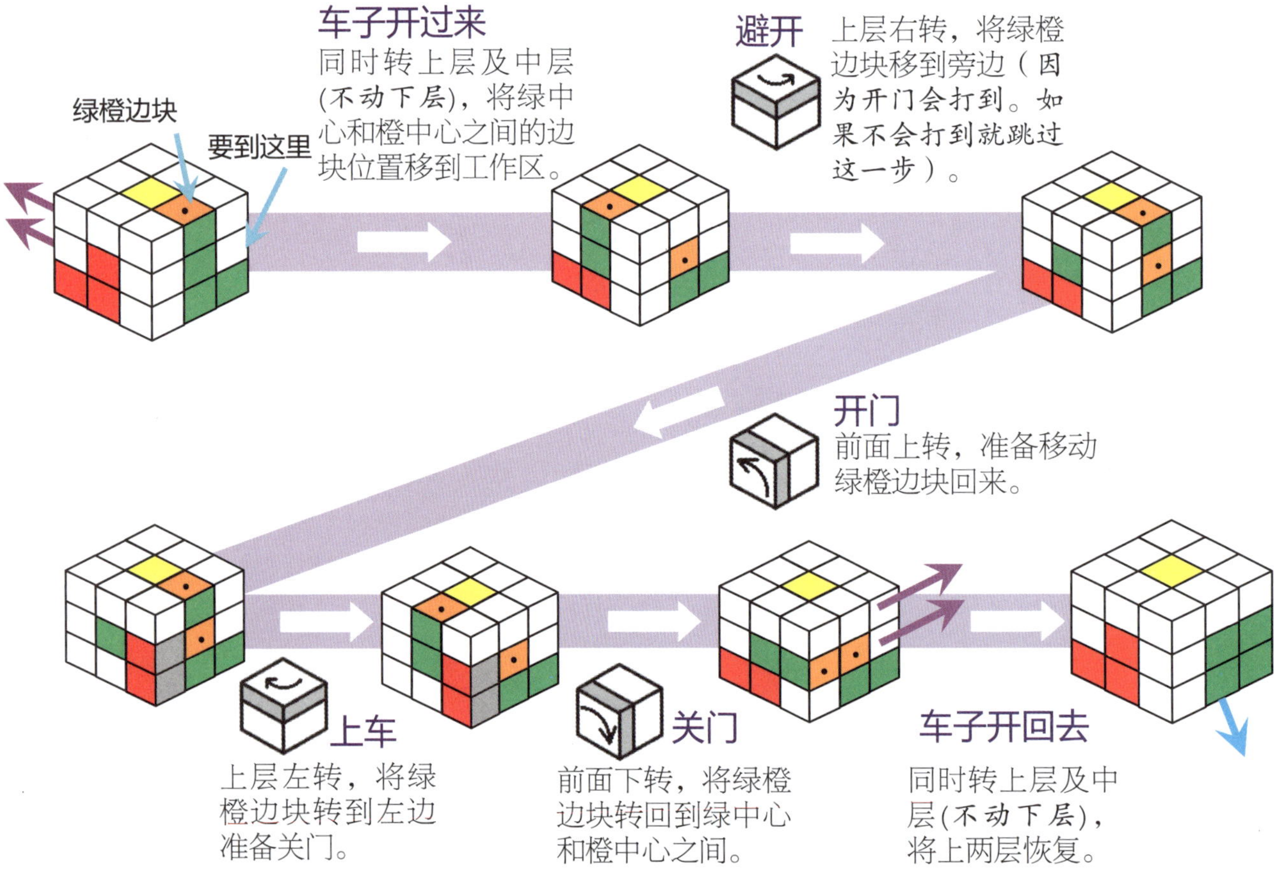

在车子开过来到工作区后，如果位置在另外一个方向，转法如下。

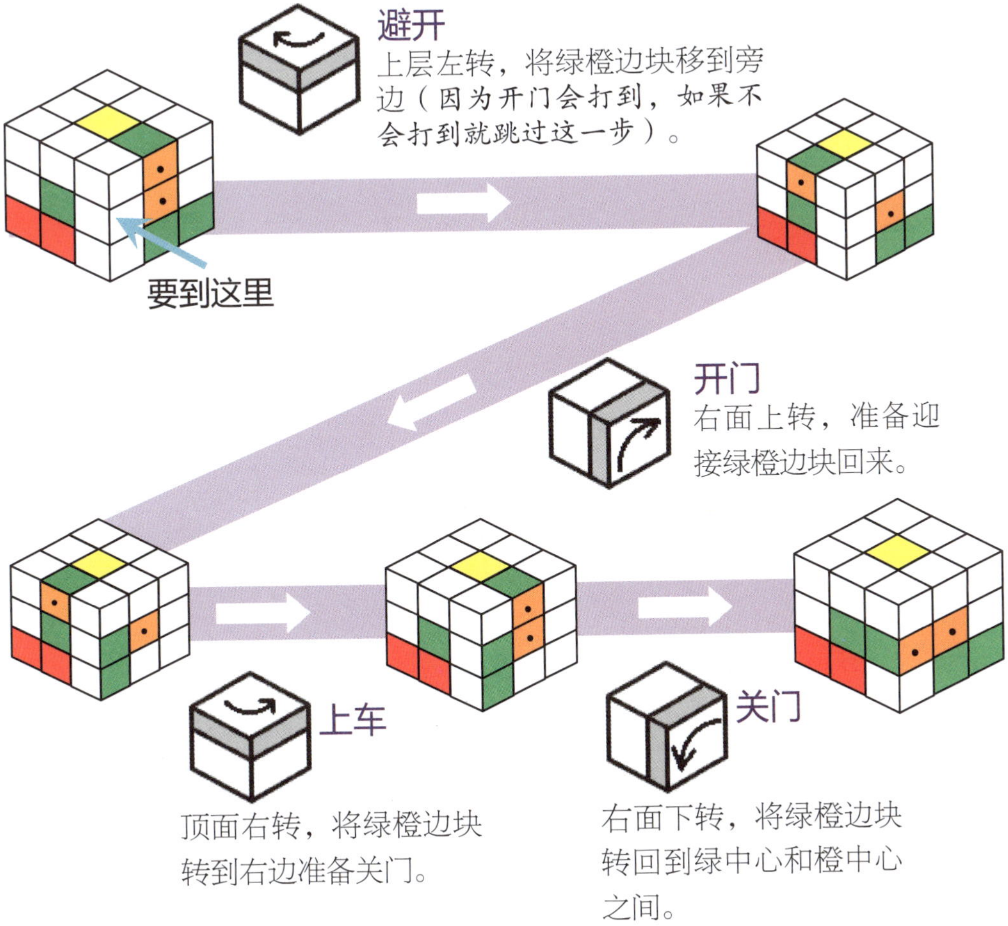


同样，若这个边块在顶层其他位置，则不需避开，接着右面上开门、边块上车、右面下关门。记得车子要开回去（中层归位）。

## TIPS！

1. 如果是右边开门，等一下就是右边关门；同样，如果是左边开门，等一下就是左边关门，这样底下才会恢复。
2. 可能会碰到一种特别的情形，例如绿橙边块跑到红蓝中间，怎么办？那就随意选一个在上层的边块，将它移到红蓝中间，把绿橙边块挤出来，就可以继续把它转到该去的位置了。
3. 为了方便说明，所以才依照这个顺序，其实等聪明的您熟悉了之后，不一定要按照什么颜色顺序也可以完成。

## Step3的流程

1. 首先，观察四周面上层，看是否有绿橙、橙蓝、蓝红三个边块，找到后以上述转法将它归位。
2. 接着以同样的方法转好另外两个中层边块，中层的三个边块（绿橙、橙蓝、蓝红）就完成了。

# 上层边块及红绿边块 Step 4

这部分的方法其实和第二步相同，只是我们的重点在于先转好顶面的边块，注意使边块的黄色面朝上与黄色中心相邻。如果发现有些黄色边块在顶面，而且黄色面已经朝上，那么转动上层，看看是不是有许多黄色边块的另一颜色能对齐四周面中心颜色。对齐的边块视为已完成，不能对齐的视为未完成。将已完成的黄色边块视为基准点，每次恢复时要将基准点对齐四周面中心颜色。

## 利用工作区将顶面的黄色归位

观察工作区的黄色边块（如果工作区的边块没有黄色，可以用下面的转法换一个黄色边块下来）要去的顶面位置，同时观察要往哪边开门，黄色会朝上。

1 车子开过来：转动顶面，把要去的顶面位置移到开门处。

2 开门：让工作区的黄色边块准备下车（注意黄色面朝上），刚好就位。

3 下车：转动顶面，让另外一个未完成的黄色边块上车。

4 关门：将未完成的黄色边块下到工作区。

5 车子开回去：将基准点归位。

这样就完成了一个黄色边块，工作区又有另一个黄色边块。重复上面五个步骤，就可以完成所有的黄色边块。

下面的例子是黄绿边块（视为基准点）已经完成，要将工作区的黄橙边块转上来。

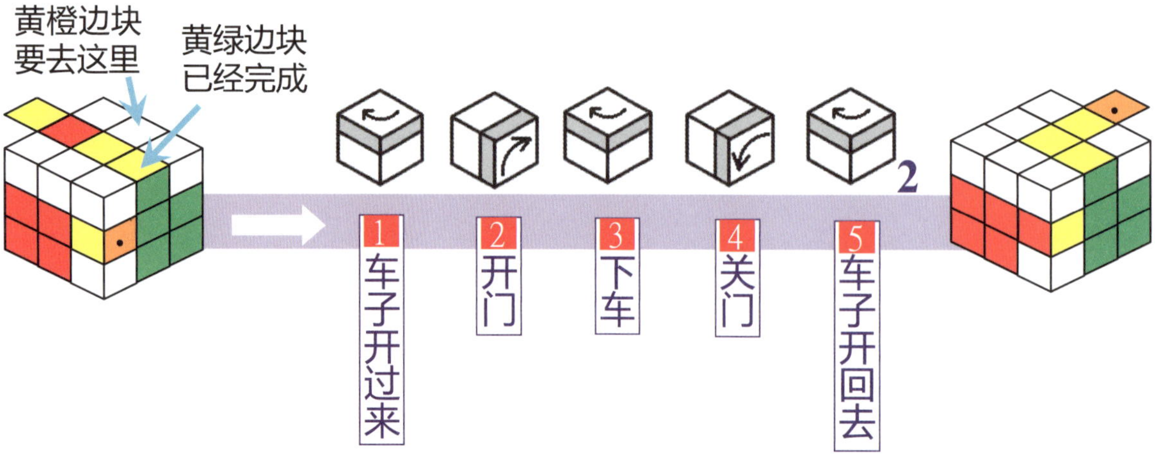


如果工作区的边块黄色朝右边，则是向左开门。

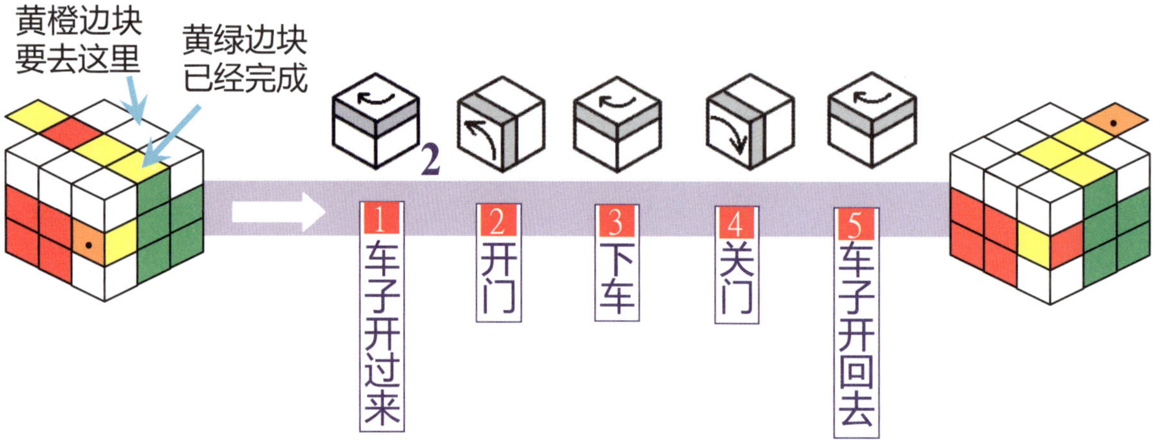


按照上面的方法，可以把顶面四个黄色边块都处理好。

## Step4的流程

1. 依上述转法完成黄绿边块，如果完成Step3时，黄绿边块已在上层（黄色面当然要朝上），仅需利用  或 ，就可将黄绿边块移到正确位置上。
2. 以黄绿边块为基准，完成第二个黄色边块，此时工作区应该是第三个黄色边块，顶面还有第四个黄色边块未完成，另外还有绿红边块。
3. 不要管第三个黄色边块要去哪个位置，直接将第三个黄色边块开门去推绿红边块（黄色面当然要朝上），换第四个黄色边块下到工作区。
4. 再根据第一个、第二个已完成的黄色边块（上面的例子是黄绿、黄橙两边块）来判断第四个黄色边块要去的位置。

### TIPS！

1. 如果工作区的第四个黄色边块要去的位置，刚好是第三个黄色边块现在的位置（这表示第三个黄色边块位置不对），那恭喜您！直接开门去推第三个边块，把绿红边块换下来，顶面归位，所有边块完成！可以进入下一步。

最后完成全部边块

TIPS !

2.这个阶段最后顶面四个黄色边块完成后，工作区的绿红边块也会自动完成。但是可能会碰到两种特别情形：

(1)有两个边块要对调

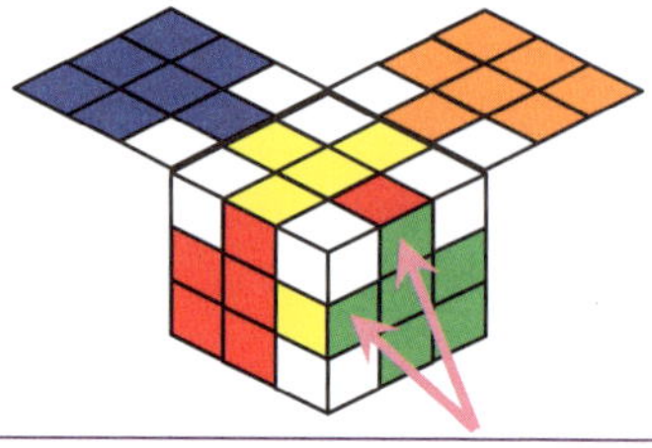

解法

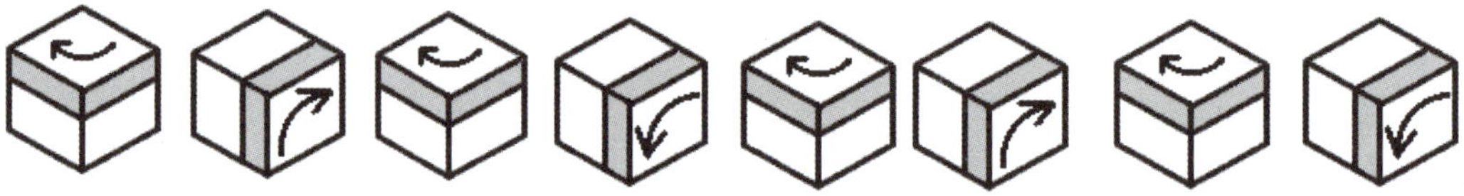

依序取代后面的边块

(2)有两个边块要自转180度

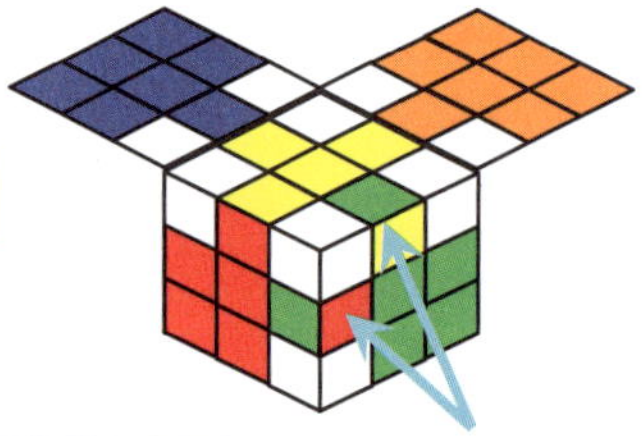

解法

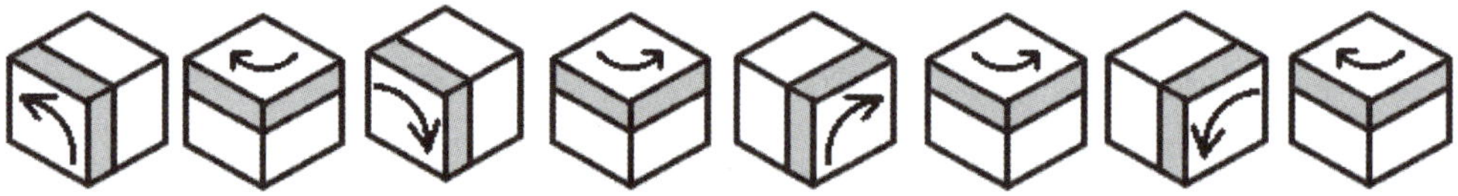

交换最接近您的三边块

上面两种解法不需死记，观察这些边块的走法来体会。如果左右是颠倒的，可将解法左右对称来做。

# 最后五个角 Step 5

**将五个角编号**

到目前，您手上的魔方应该只剩下五个角了，我们将这五个角编号(见下图)以方便说明。其中角1位置和角5位置是工作区。

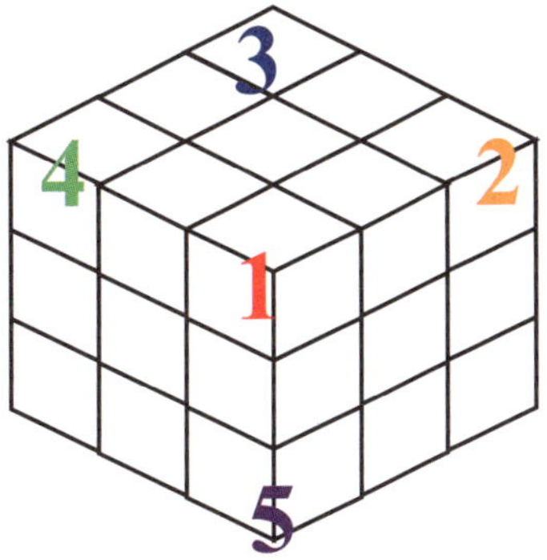


**转法说明**

还记得转第一层时的这个解法吗？

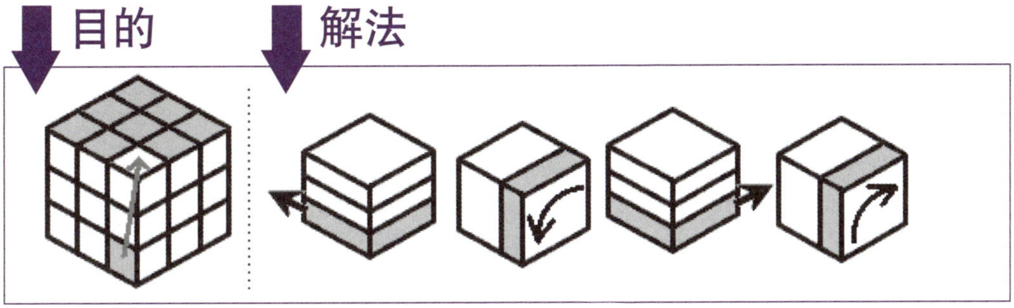


同样，为了方便说明，我们称之为**A转法**，或只称“**A**”。

A转法会将底面左转、右面下翻后，底面右转，再复原右面。转完后角1与角5位置会交换，两角均顺时针转一次，如下图所示。

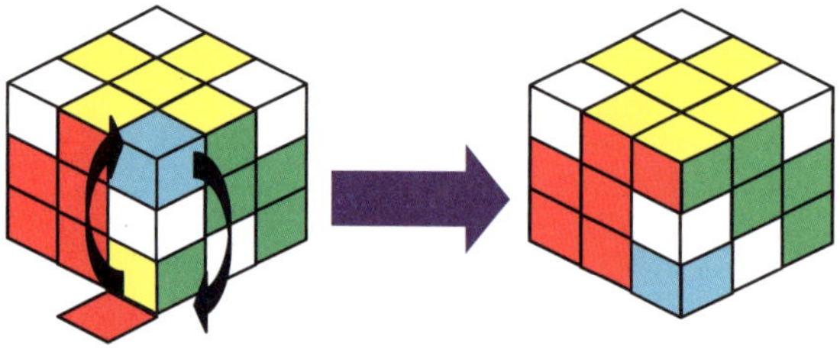

聪明的读者可能会发现，其他部分有些地方乱了，但是**暂时不用理会**，后边会恢复，我们只要先将焦点放在五个角上即可。上例中，角5的位置是黄绿红角块，黄色面朝左边时，用一次A转法，会将角5位置的黄绿红角块移到角1位置，并且黄色面朝上，完成。

**NOTES！**

然而，并不是每个角块都在角5位置，也不是每个角块的黄色面都朝左边。依照角块位置和黄色面的方向，可以分为下面五种情况，而这五种情况，依A转法，会有顺序地归位：

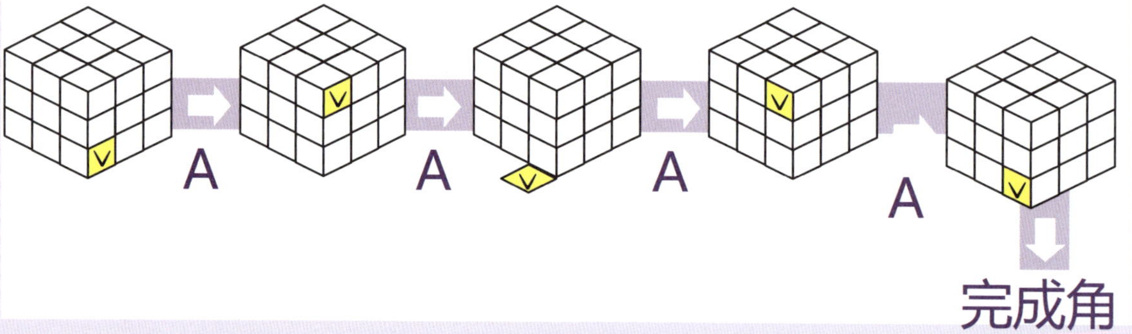


所以不管是哪一种情况，只要想把黄色角块转到角1位置，而且黄色面朝上，一直重复A转法即可。

## NOTES！

注意这阶段只能转A转法的四个动作和或，不可以转其他转法，而且在A转法的四个动作之间，不可插入别的转法。另外，如果角5位置目前是白绿红角块已完成，但是顶面还有黄色角块尚未完成，则把未完成的黄色角块转到角1位置，继续重复上面的动作，把所有黄色角块完成。

## Step5的流程

1. 先观察工作区下面角5位置的角块要去顶面的哪个位置，就把那个位置用或转到角1位置。
2. 重复A转法，让角5位置的角块回到角1位置，并且黄色面朝上。
3. 此时角5位置是另一个角块，再重复前两步完成它。

**如果顶面四个角块都完成了，下面白绿红角块也完成了，那恭喜您！顶面归位，六面完成！**

## TIPS !

但是，也有可能顶面都完成了，下面却是乱的！这就要作特别处理：

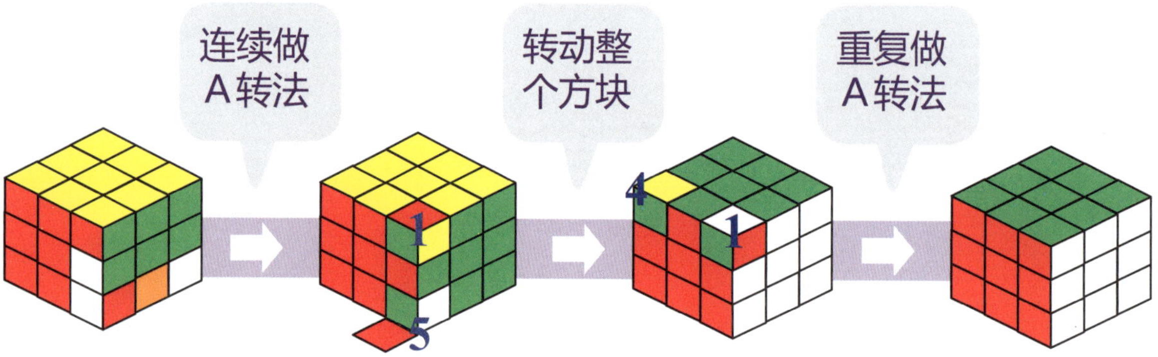


顶面完成了，下面却是乱的。

连续做A转法，做到只剩下角1和角5方向不对，其他所有边块和角块都正确。

把绿色面当成顶面，两个未完成的角块在角1和角4位置。

先完成白绿红角块，再完成黄绿红角块，顶面归位，完成六面！

说明　　解法

A转法

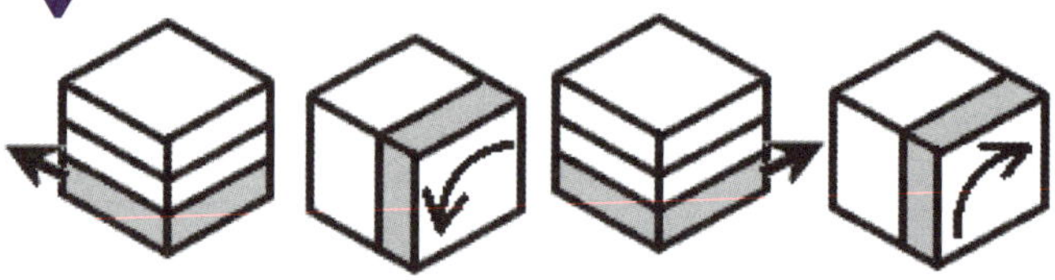

需要提醒读者的是，此解法属于理解型解法，在转的时候多想想目前的状况及目前使用的解法，相信您马上就能体会此解法的威力。

**成功制霸三阶魔方，您是魔方高手！**

# Chapter 2

# 四阶魔方

## Rubik's Revenge

四阶魔方的英文名字叫做**Rubik's Revenge**，直译过来是“魔方的复仇”。四阶魔方被认为是二至五阶魔方中最不好复原的，虽然五阶魔方的变化种类比四阶多，但是四阶魔方不存在中心块，也就不能用一般的方法进行复原了。

# 四阶魔方
Rubik's Revenge

## 四阶魔方暖身操
## 名词解说

一个四阶魔方，依照官方正式的配色，各面颜色的相对位置应该如左下图所示。

| | | | |
|---|---|---|---|
| | 黄 | | |
| 蓝 | 红 | 绿 | 橙 |
| | 白 | | |

官方配色相对位置

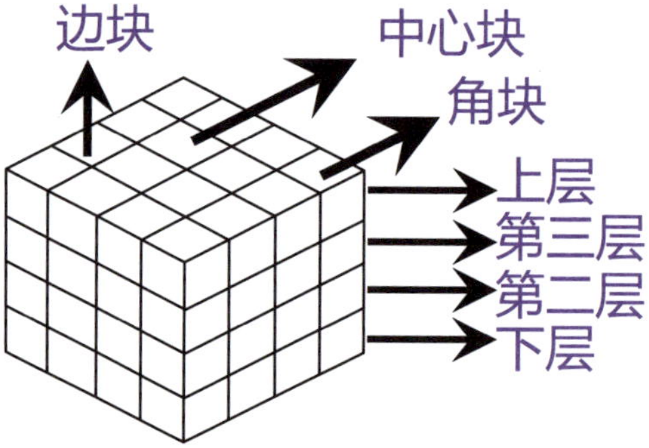


各部分名词

**小编体验笔记本**

## 四阶魔方地雷区 1

四阶魔方最可怕的地方就在于，它不像三阶具有中心块，所以Step1完成中心四格的这个步骤就变得非常重要，如果没有按照原本颜色的配置（可参考官方颜色）转出，到了Step 4 的时候，就会突然意外地发现，怎么转都转不出来（小编就曾有两次切肤之痛），前面的所有努力都化为乌有。

## 四阶魔方解法流程

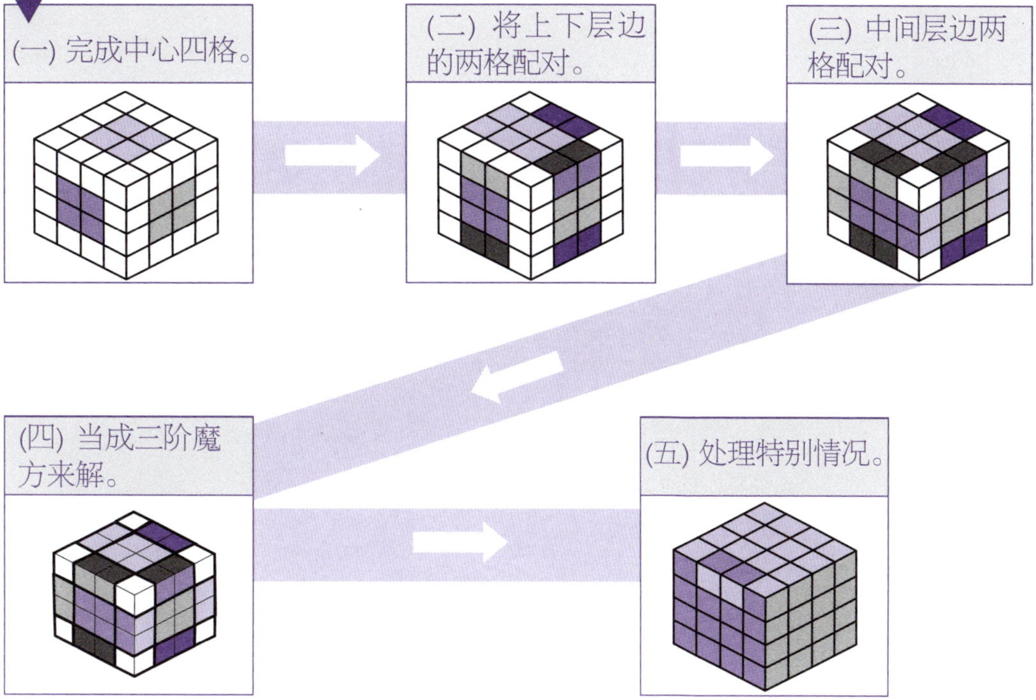

# 四阶魔方

Rubik's Revenge

解开四阶魔方，
START！

## 中心四格 Step 1

**第一面的中心四格**

先转第一面的中心四格，一开始利用同色两格连在一起移动，会比较容易。

情况　　转法

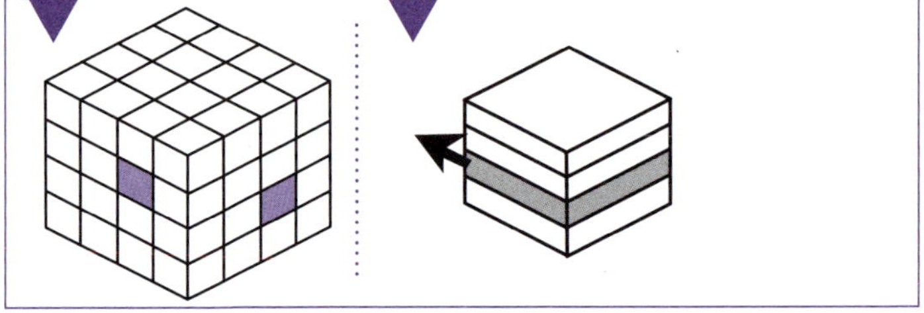

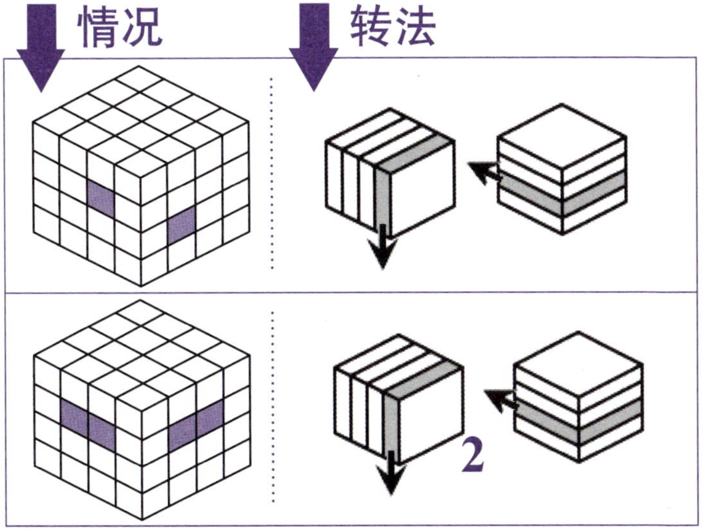


**其他面的中心四格**

转好一面的中心之后，将转好的面朝上，再转其侧面的中心四格。可利用侧面的顺时针、逆时针旋转来配对。

当然，**必须依照各面的颜色相对位置才行。**

已经转好的中心四格不能破坏。这里列出一些常见的情况：

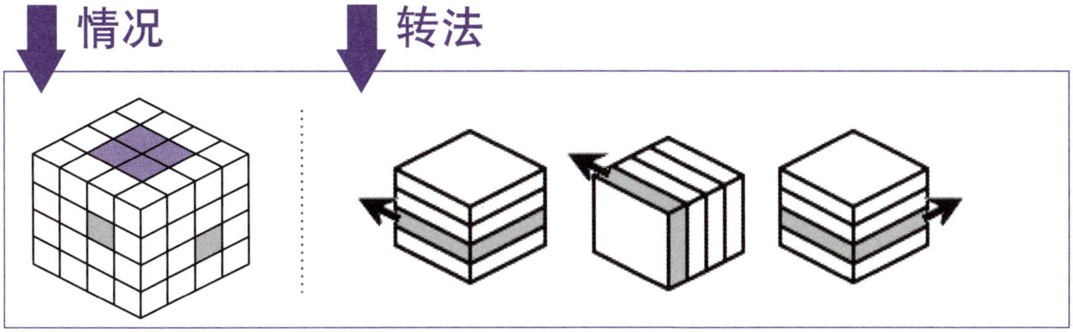

| 情况 | 转法 |
| --- | --- |
| 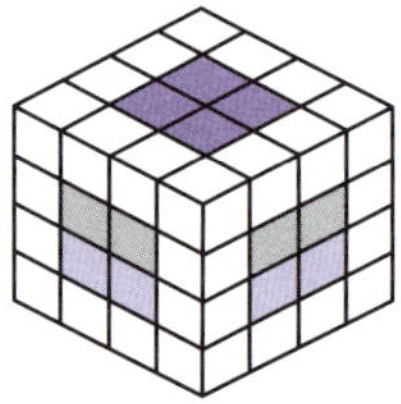 |  |
|  |  |
| 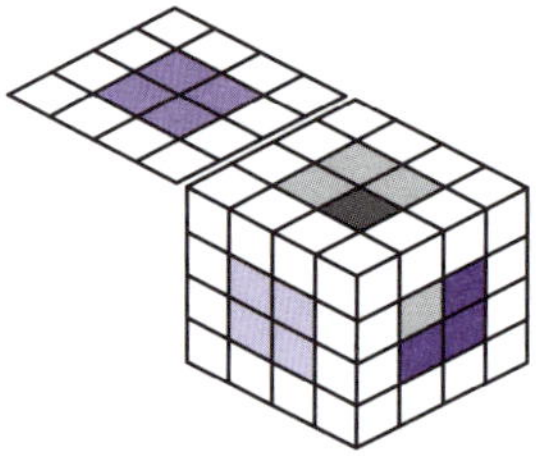 | 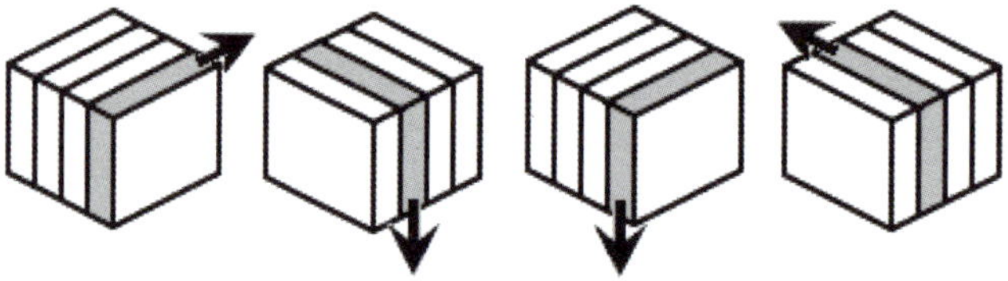 |
| 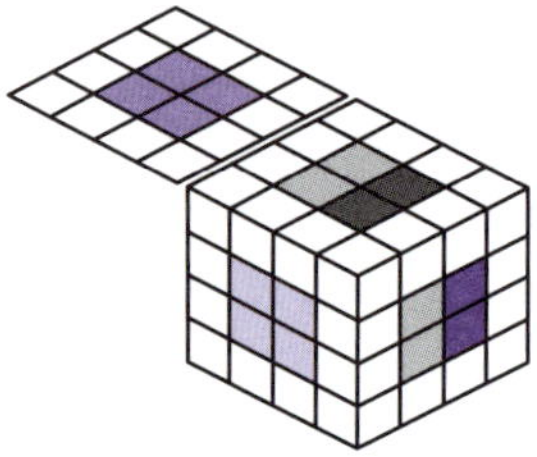 | 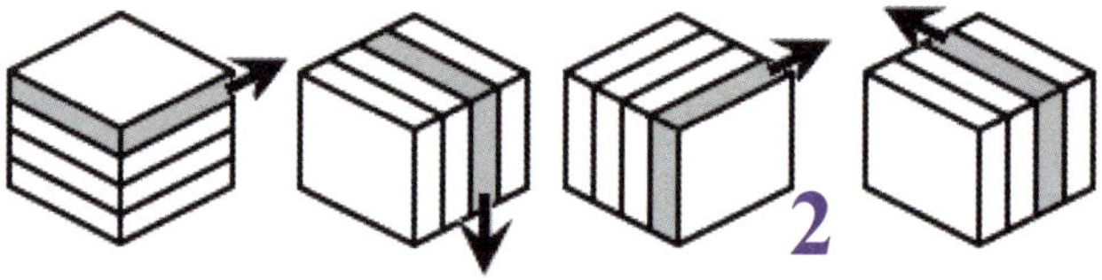 |
|  | 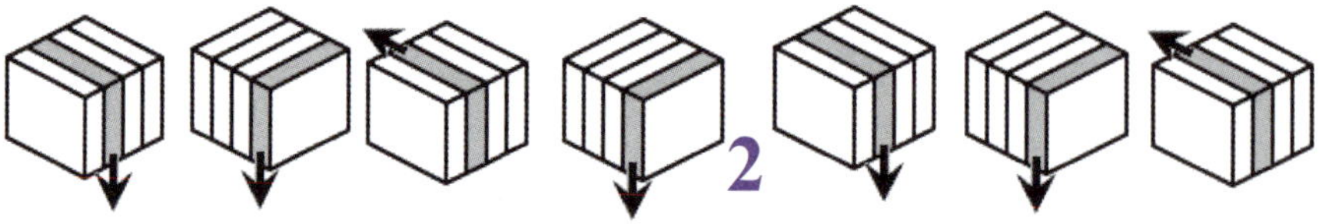 |

## 将上下层边的两格配对 Step 2

找到两色一样的边块配对，并将其往上层或下层的边移动。有几种方法可以应用。但要注意，转完后，中心四格要恢复颜色一致。

情况　　转法

1

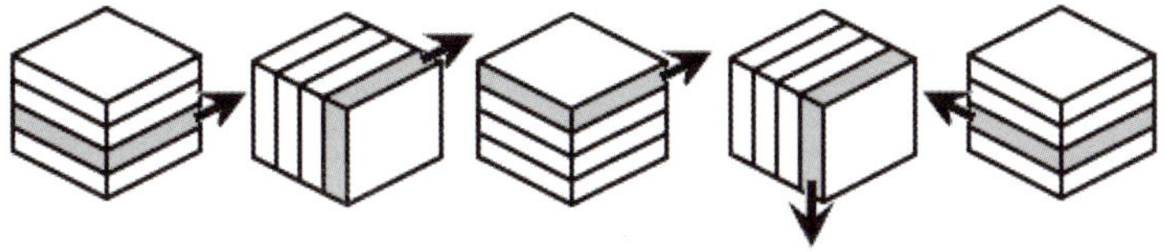

**说明：**配对完成后，移至上边，并换未配对的杂边下来，并恢复中间区。

2

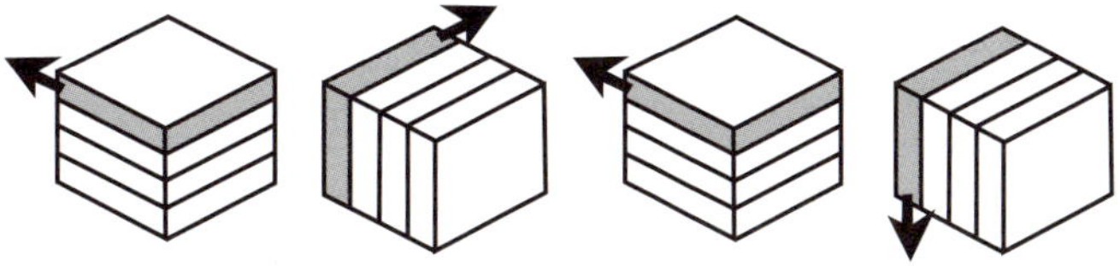

**说明：**要配对的一个方块在上边，利用面的旋转将其换到中层，再接转法[1]。

注：●● 处为方块归位处。

情况　　　　转法

## 3

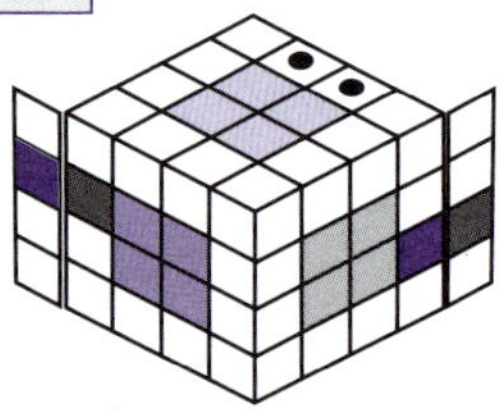

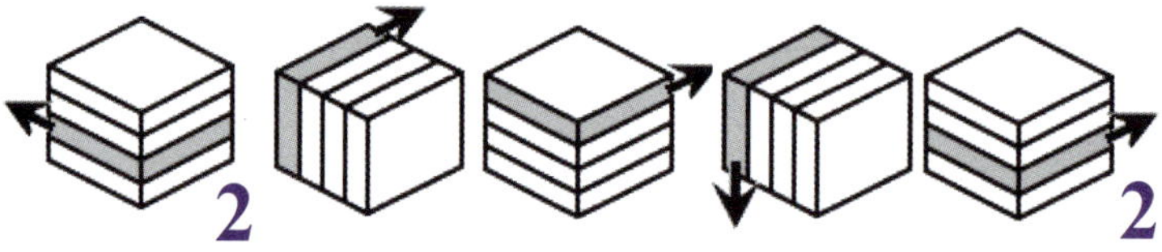

**说明：**要配对的方块在对面，则转180度配对，再往上移。

## 4

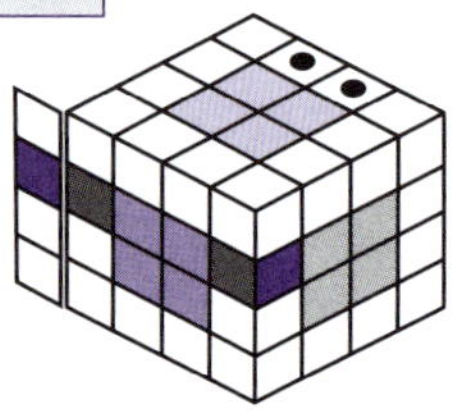

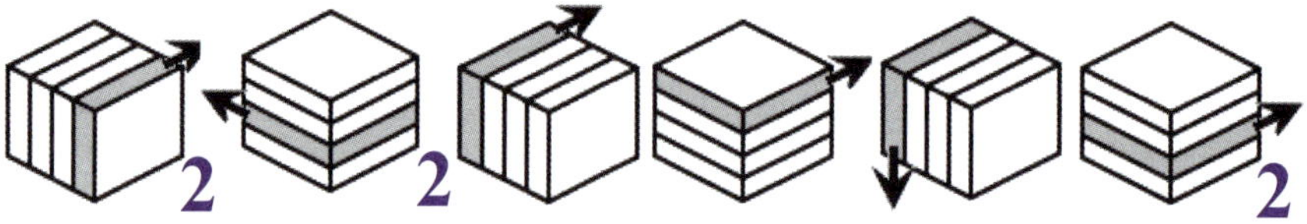

**说明：**要配对的方块是相对平行的，先将其一转180度，再仿转法[2]。

## 5

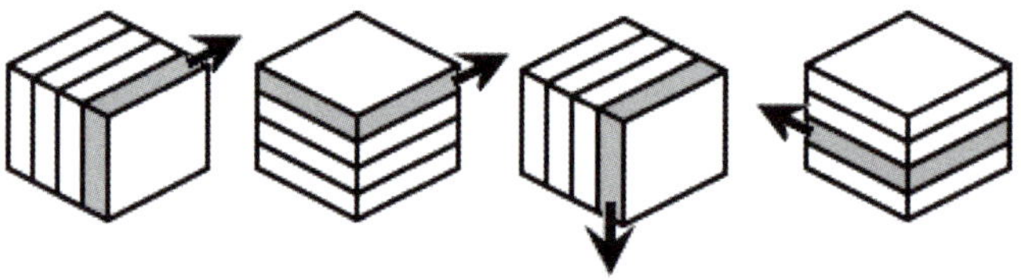

**说明：**最后一对转至上层的方法（上下层其他七对已完成）。

**情况** **转法**

## 6

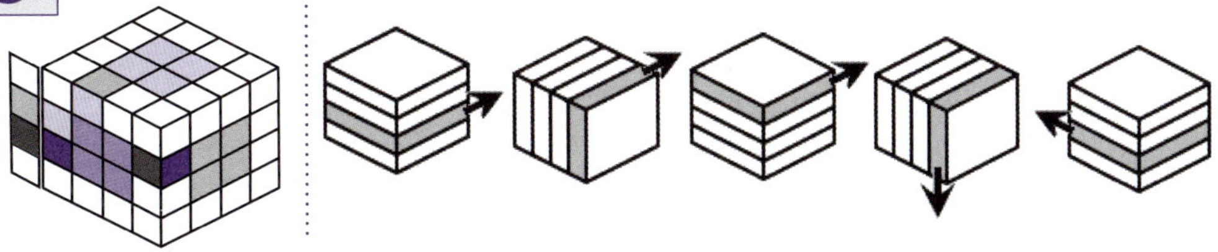

**说明：**特别情形会同时配对两组。

以上转法，转后务必推回正确位置！

## 中间层边两格配对 Step 3

其实这部分跟第二部分是一样的，主要是不要破坏已完成的上下层的边及中心四格。完成的边不需要移动到上下层。

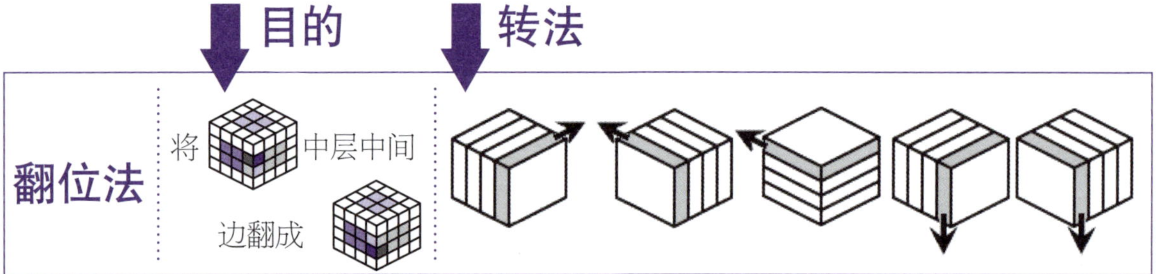


**说明：**要先知道怎么将某个边翻转位置。

运用“翻位法”移动中间层边技法：

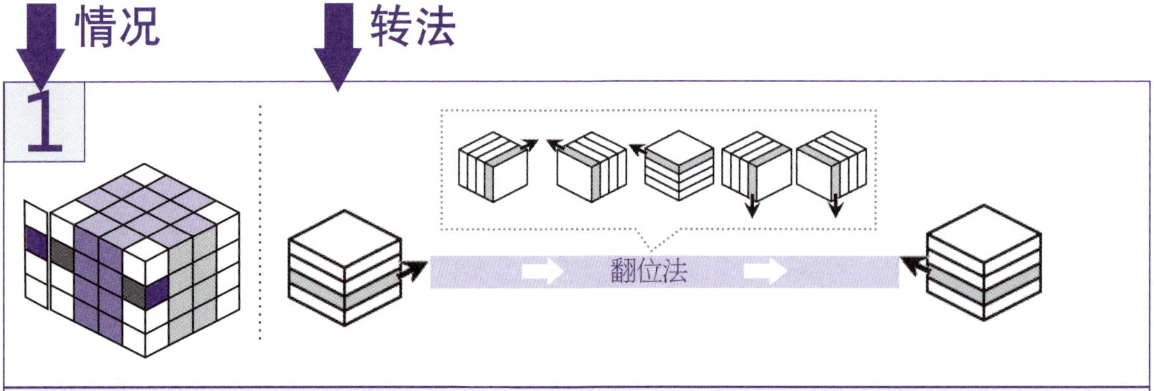


**说明：**第一步是预留步，最后一步归位。

情况　转法

2

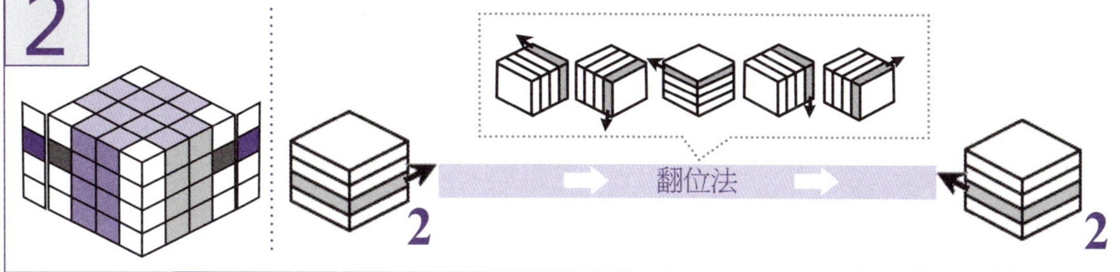


3

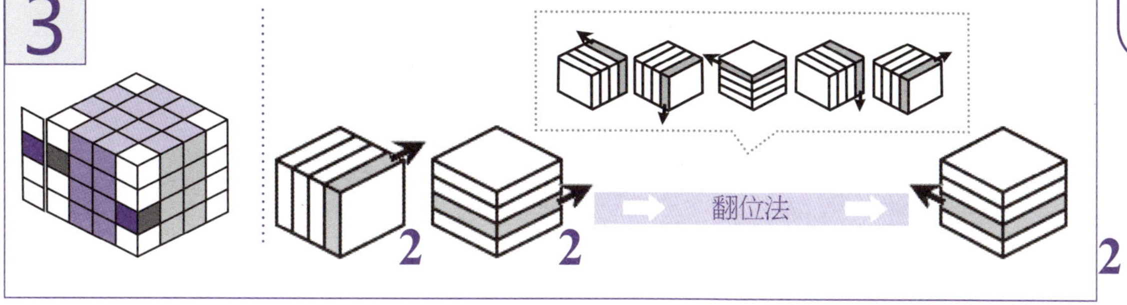


4

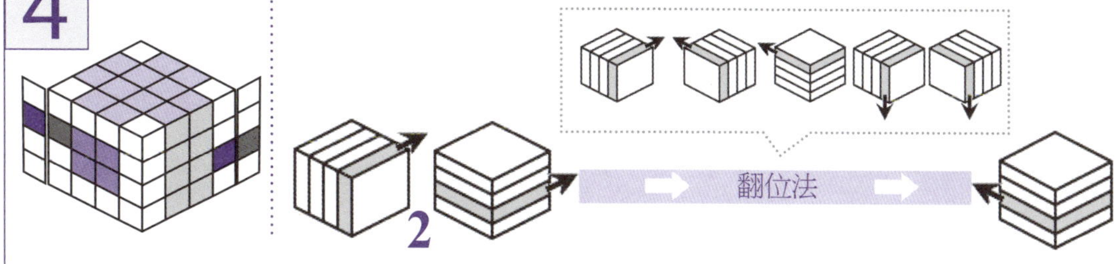

## 当成三阶魔方来解 Step 4

此时您的魔方应该会类似  这种情形，可以将中心四格当成一块，边两格当成一块，整体当成三阶魔方来转。用您所知道的方式来转，方法请参考本书三阶魔方部分。

## 处理特别情况 Step 5

此处所说的特别情况，是三阶魔方不可能出现的，但在四阶上会出现，只有两种情况：

### 情况1

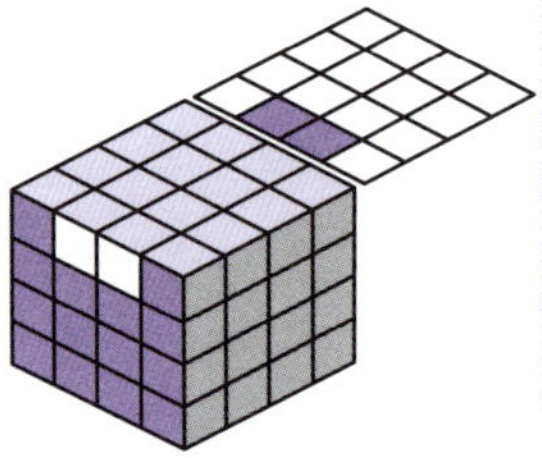

### 转法

上层对边互换

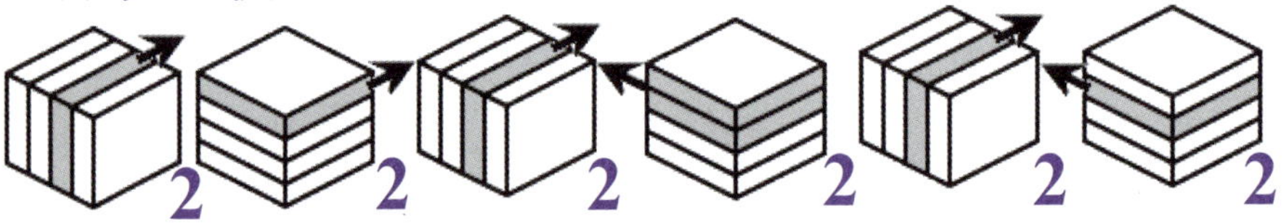


### 小编体验笔记本 四阶魔方地雷区2

右边这个步骤非常长，一个恍神，可能就会发生惨剧（不仅转错，还忘了是从哪一步开始错的），所以不妨一边转一边默念编号。

## 情况2

## 转法

单边反转

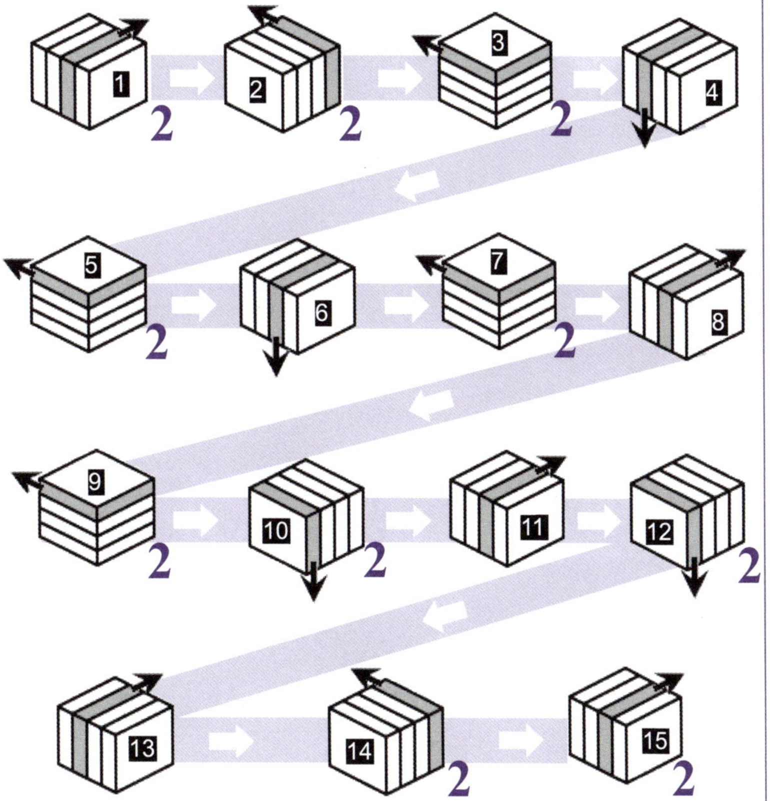


公式中，转中间左右两圈时，可以同时带着左右外圈一起转转看，观察其结果。特别要记住的，就是处理特别情况的两个公式。此种四阶转法比较简单。

同样，上述转法可以应用在五阶魔方上。特别情况只有一种，是在配对最后一个边时，边中间点可能要自转180度。方法同单边反转，带着外圈一起转。

# 成功制霸四阶魔方！

# Chapter 3

# 金字塔魔方

## Pyraminx

金字塔魔方英文称为Pyraminx，形状为正四面体。总共有四个面，跟三阶魔方一样，最后要完成每个面的每一格颜色都一样。它由Uwe Meffert发明，并于1981年由日本的Tomy Toys玩具公司出品。

# 金字塔魔方
Pyraminx

## 金字塔魔方暖身操
## 名词解说

在下图中，浅灰色的部分称为“角块”，深紫色的部分称为“中间块”，深灰色的部分称为“边块”。

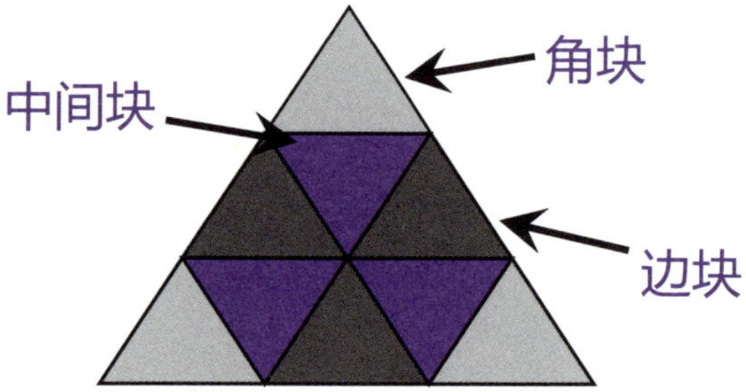


以下解法的图案中，如果有白色的区块，表示暂时不需理会该区是什么颜色，先注意有颜色的部分。

# 解开金字塔魔方，START！

## 角块归位 Step 1

**翻转角块**

四个角块只会自行旋转，不可能跟别的角块换位置。所以直接把角块转成与相接的中间块同色即可。

四个角块与个别的中间块转成同色后，一起统称为大角块。

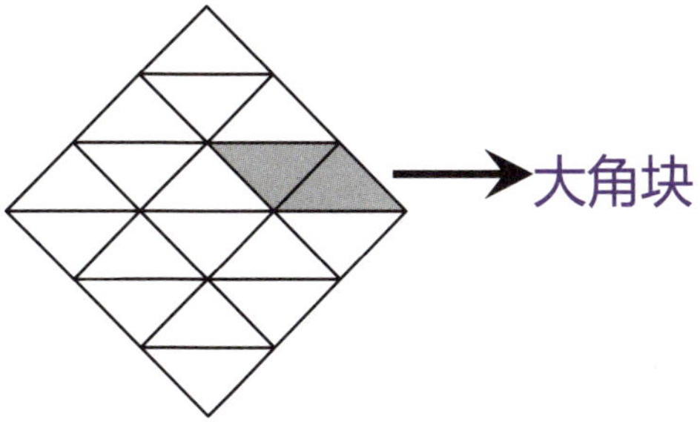

## 角块同色同面 Step 2

**翻转大角块**

原本四个面分别是深灰、浅灰、浅紫、深紫。四个面各有三个角块，所以针对角块，把同色的转到同一面。

观察同一面的三个大角块中各三面的颜色，三个大角块都有的颜色，就是这面的最后颜色。所以把四面的三个大角块都转成同面同色（如下图最右边所示），这样就只剩下边块要处理了。

### 完成大角块的转法

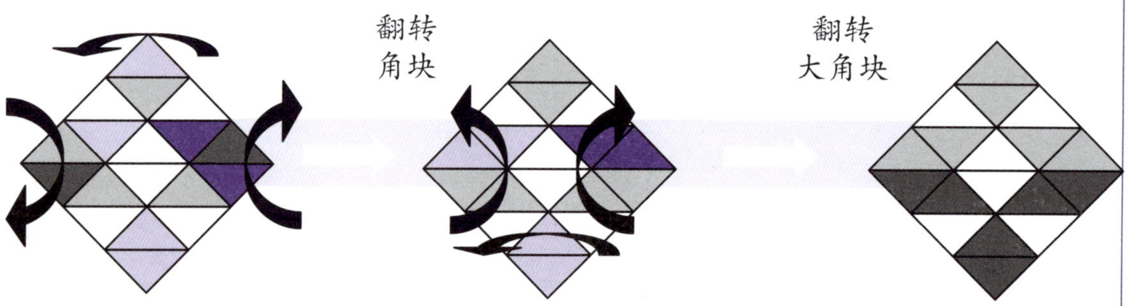

# 处理底层边块 Step 3

**选择底层边块**

这个过程跟三阶魔方中层的原理有点类似。

选定一种颜色，通常是边块完成较多的当底层。下面例子中，把深灰色当做底层。

深灰色面的三个边块中，只需要完成其中两个边块（相邻颜色都要一致）。在上层找找有深灰色的边块在哪里，将它转到该去的位置。

## 目的

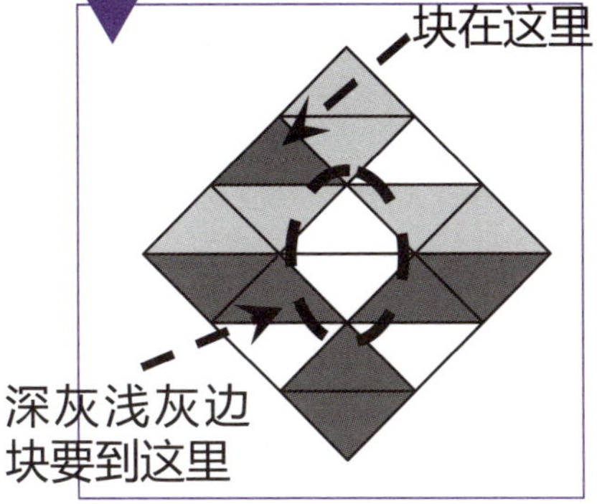


## 完成大角块的转法(1)

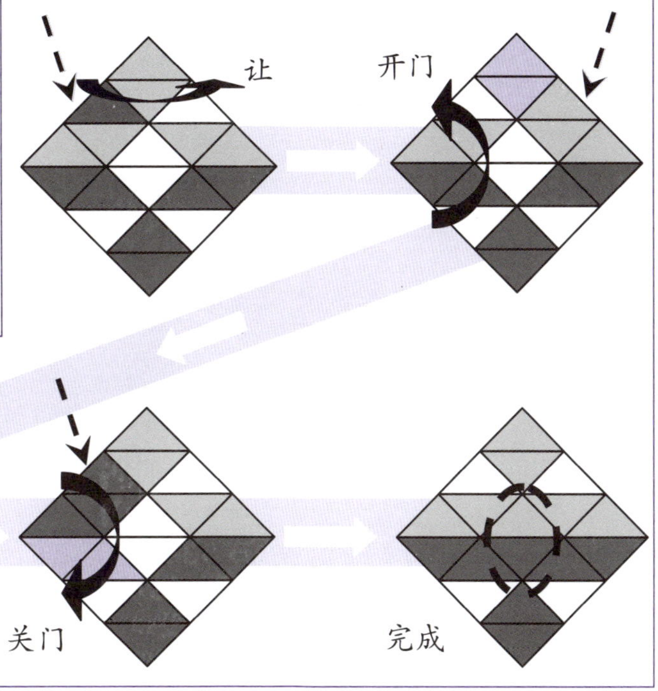



三阶魔方
四阶魔方
金字塔魔方
Square-1变形魔方
魔方公式之进阶活用

## NOTES！

1. 注意观察上例中深灰浅灰边块的移动方式，此处观察重点在于以后深灰色底要上去，关键边块的深灰色面要朝前，转到正确位置前的位置。
2. 若该边块已在就位点，则先让开，然后该去的地方上去（**开门**），关键边块就位（**上车**），最后归位（**关门**）。
3. 如果深灰浅灰边块原本并不在开门的地方，而在上层别的区域，则不需让，直接开门让它上车。
4. 如果深灰浅灰边块在深灰色的底面，而该边块的深灰色并不在深灰色面，就请先完成别的深灰色边块。

## 目的

## 完成大角块的转法(2)

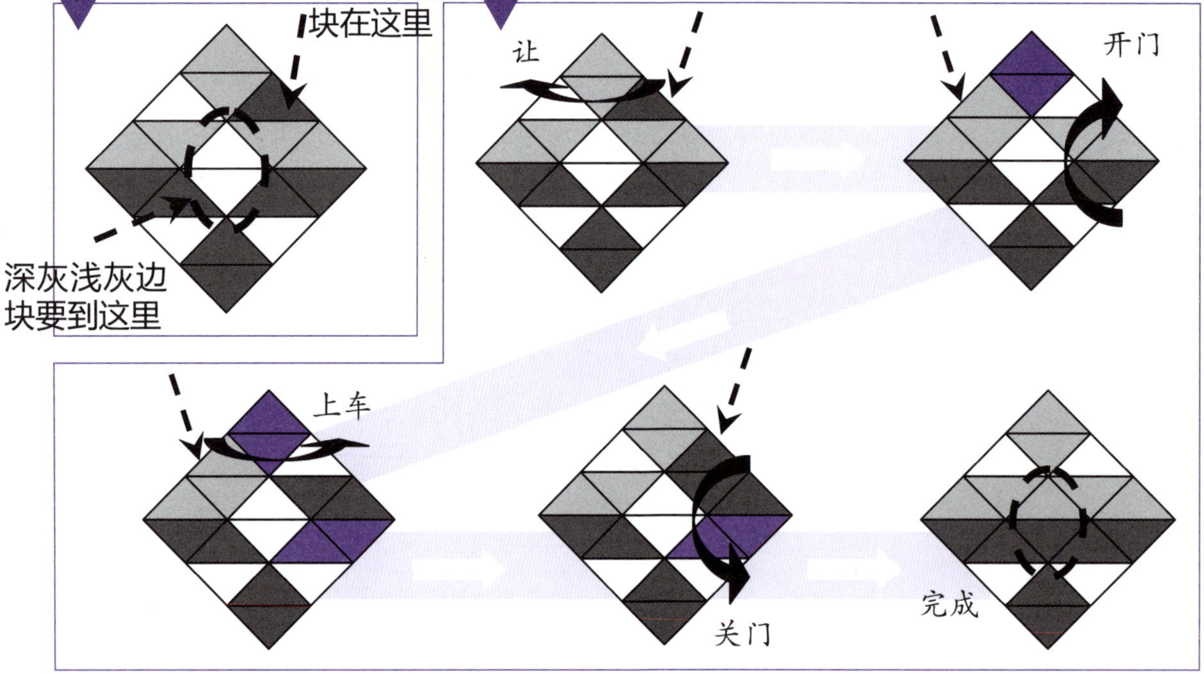

根据不同方向利用上述两法，可以将深灰色底面的两个边块完成。这时，请留一个边块不要完成，当做“工作区”。

小编体验笔记本

## 金字塔魔方好有趣

经体验后，金字塔魔方真的是本书介绍的魔方中最和蔼可亲的了（**因为最容易解了**）！它转法简单，所以重点在于观察，判断越精确，解得就越快。如果不相信，不妨试试看！

## 完成全部边块 Step 4

完成Step 3后，面对工作区的边块，深灰色面朝下。观察工作区边块的两格颜色，将这个边块转到上层应该去的位置。转法刚好与转下层相反，要往上转。

### 移动边块的转法(1)

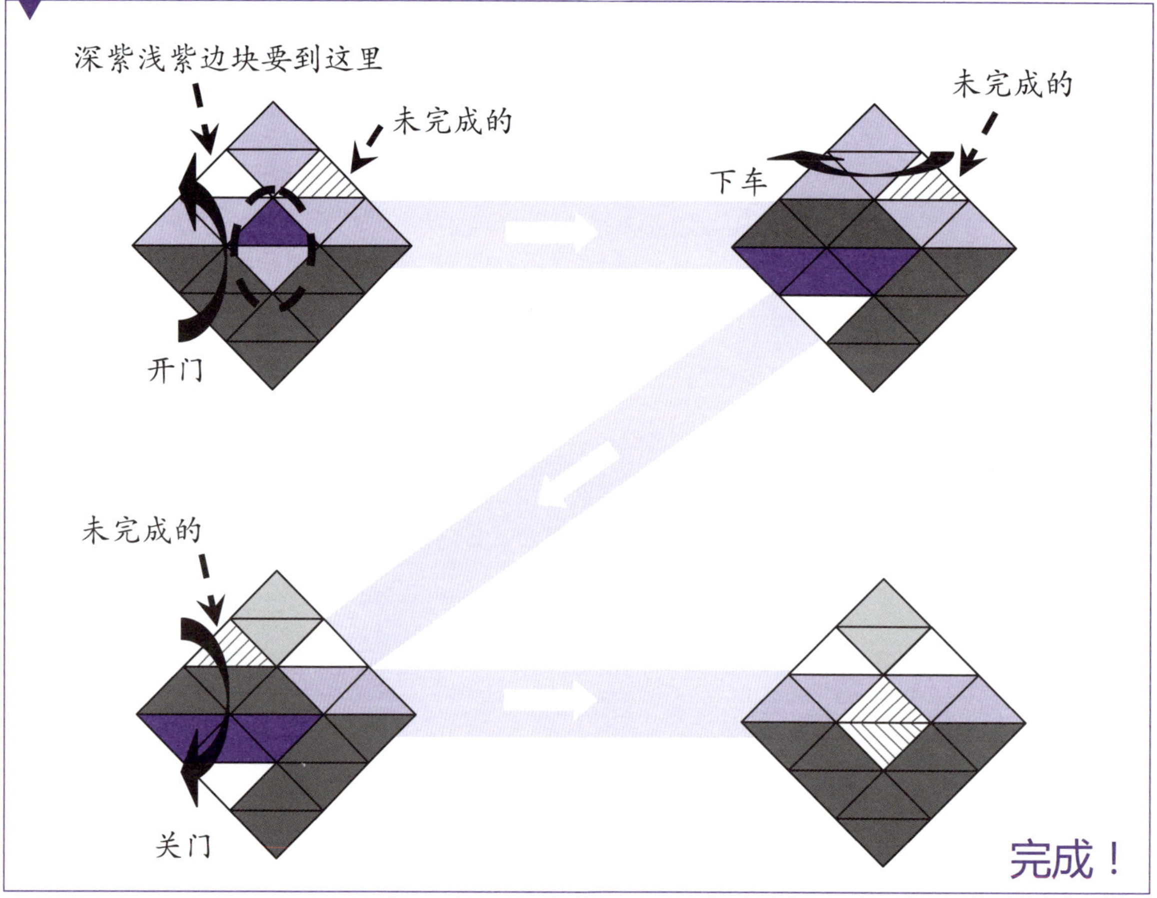

## NOTES！

1. 让工作区边块的两格颜色对到上层的那个位置。
2. 预先把该位置转到开门的地方，开门让它下车（刚好就位），然后转走（下车，换另外一格未完成的边块上车），关门。这样转过之后，深紫浅紫边块已经转到正确的位置上了。

## 移动边块的转法(2)

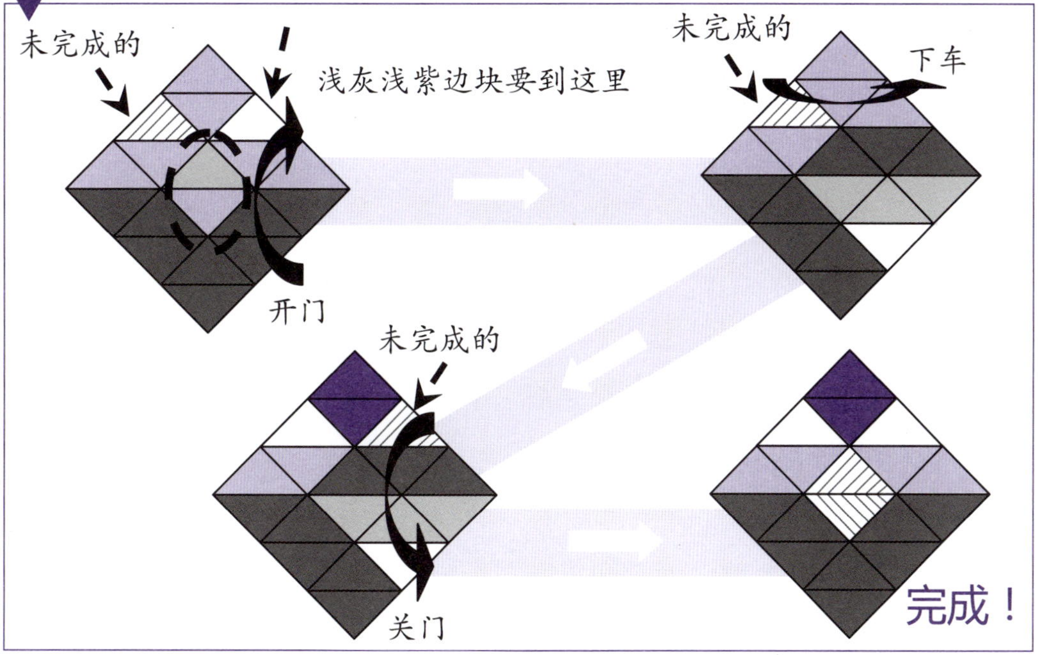


根据不同方向利用这两种方法，可以把所有的边块都完成。现在，浅灰浅紫边块已经都转到正确的位置上了。

## NOTES！

只有一种比较特别的情况要处理，就是有两个边块要同时自转180度。

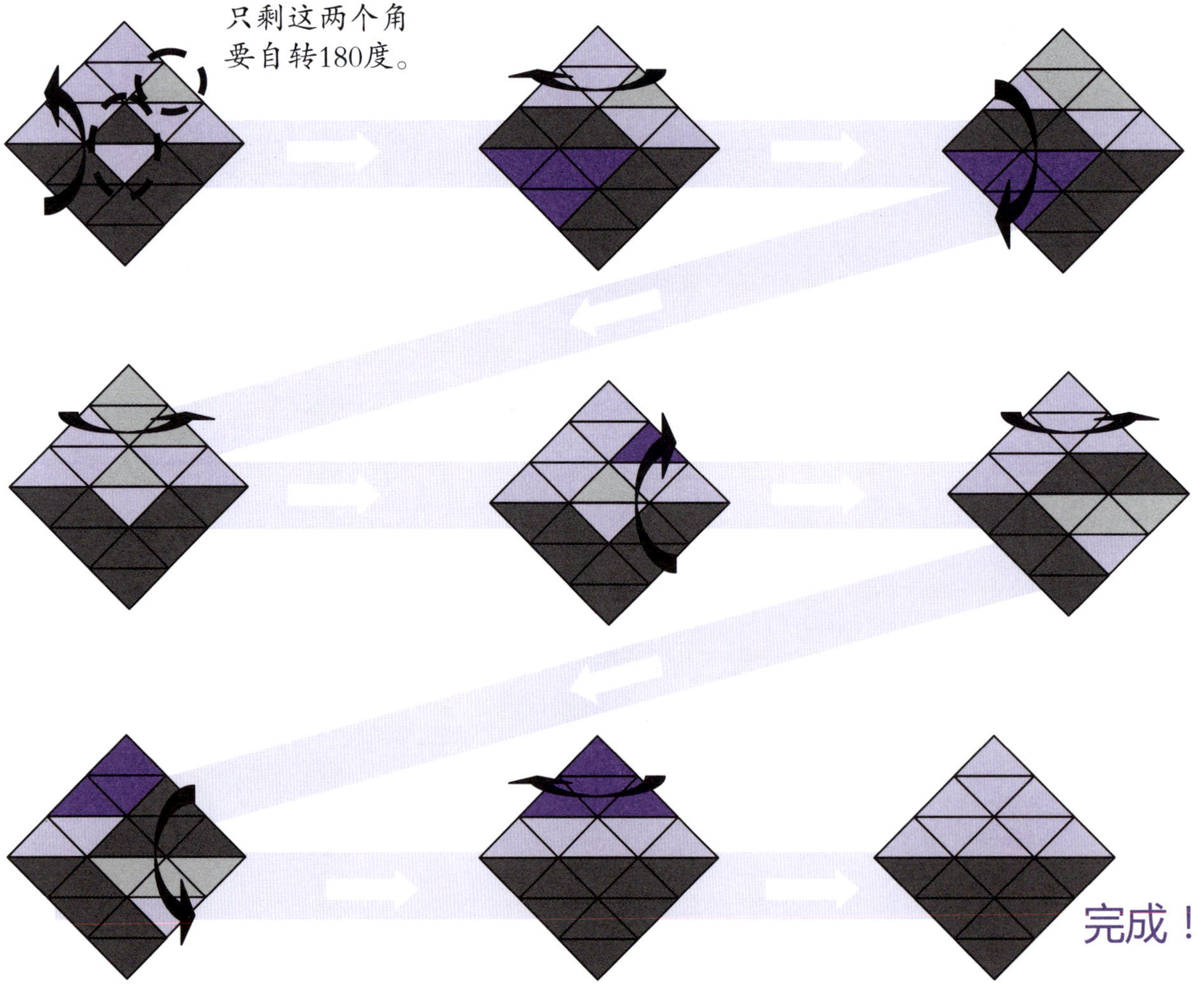

**特殊情况处理流程**

1.当工作区与右上角边块要自转180度时，向左边开门，右上角边块左转，左边关门。这样原来的右上角边块会进到工作区，然后与前述一样，把它转到正确的位置和方向上去。

2.如果是工作区与左上角边块要自转180度呢？可以将上面的方法左右对称来做，只要注意观察关键点即可。

3.也可以转动整个魔方，将这两个要自转180度的边块的位置分别放到工作区与右上角，再用上述转法即可。

恭喜完成金字塔魔方！

# Chapter 4

# Square-1
# 变形魔方

Square-1，有人简称 SQ－1，有两层分割成了四个角块（60度）和四个边块（30度），中间一层只有两块。当分割两层和中层的线形成一条可以绕一圈的线（像一平面切过的截痕）时，就可以沿此线旋转，通常一次旋转180度。分割的两层可以自由旋转整层。如果玩过这个魔方，就会发现重点在于分割两层各形成的直线。如果这两层出现正方形，形成的直线最多，可以转的方式也最多。

Square-1
变形魔方

# Square-1变形魔方暖身操
# 名词解说

Square-1变形魔方可分为三个部分：两个分割层、一个中层。

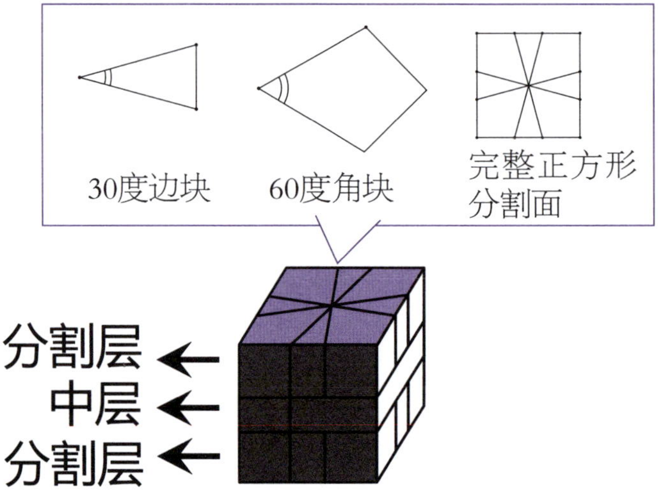

可以这样转

## 公式简易流程：可简单分成“正方形”、“同色一面”及“完成六面”三个步骤。

### 小编体验笔记本 变形魔方玩花样

玩了前面三种基本的魔方，是不是有意犹未尽的感觉?

一路跟着许老师学达人技法过关斩将，现在终于到变形魔方了，怀着期待的心情——先破坏原先完成的六面，转乱Square-1，没想到还转出一些有趣的花样，这也算是一种另类的成就吧。

Square-1

# 变形魔方

## 解开Square-1变形魔方，START！

### 正方形 Step 1

先将两个分割层转成正方形，也就是整个魔方转成正立方体。这部分并不需要什么公式，留给读者研究，因为这是 Square-1 的乐趣。

用一个角块带一个边块形成一对，其角度和刚好90度。四对就能形成正方形（按交错顺序）。

## 技法重点：尽量把边块都转成连在一起。

请将两分割层放在上下面（顶面和底面），中层的线对齐，将右半边下转180度。接第二图，同样照图对齐上下面，右半边下转180度。如此一直接下去，到最后一图就是两个正方形了。

### 顺序图解

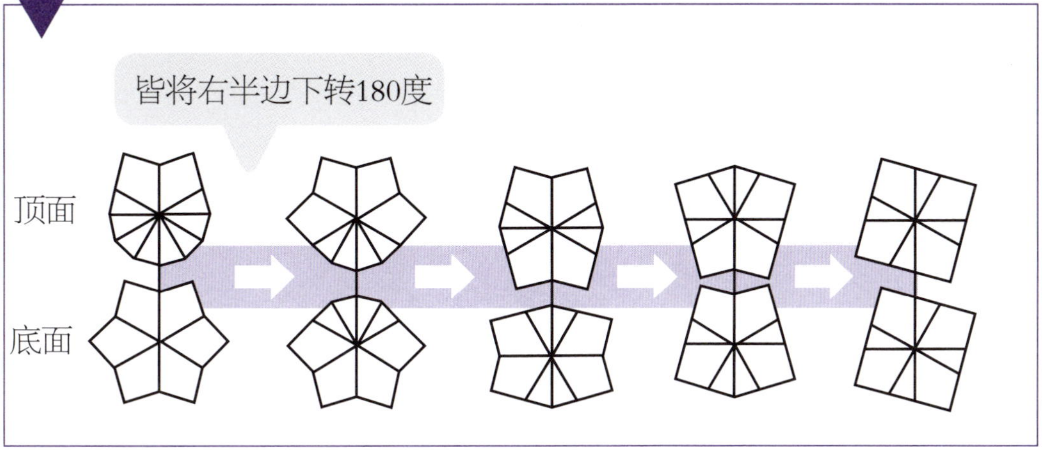

## TIPS！

如果在转的过程中，如下图只剩一个边块还没跟别的边块合在一起，则可按顺序图解的步骤将边块都合在一起后，再接上面的步骤（见第65页），到最后一图就是两个正方形了。

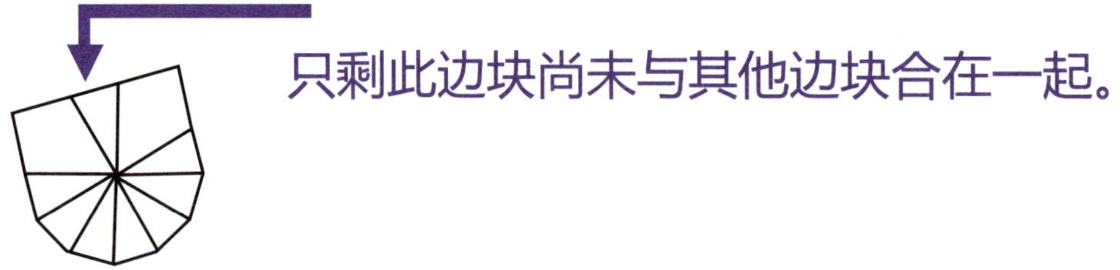


### 顺序图解

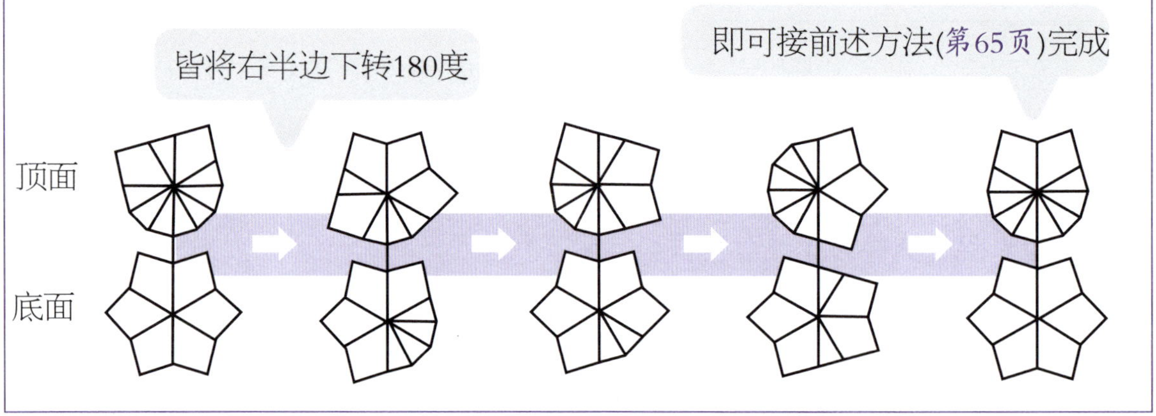

## 分割层转成同色一面 Step 2

在转动前，我们先来认识公式的代号。

# 公式代号

以下每个公式的开始，都是完整的正立方体，中层不考虑是正方形还是蝴蝶形。

### 1 左右两个分割层。

| 代号 | 旋转方向 | 后接数字 | 代号 | 旋转度数 |
| --- | --- | --- | --- | --- |
| L | 左面往上旋转 | 后接数字 | 1 | 转30度（一个边块角度） |
| L- | 左面往下旋转 | | 2 | 转60度（两个边块或一个角块角度） |
| R | 右面往上旋转 | | 3 | 转90度 |
| R- | 右面往下旋转 | | 4 | 转120度 |
| | | | 5 | 转150度 |
| | | | 6 | 转180度 |

## 例如：

L-3表示左面往下旋转90度（四小格）。

R2表示右面往上旋转60度（二小格）。

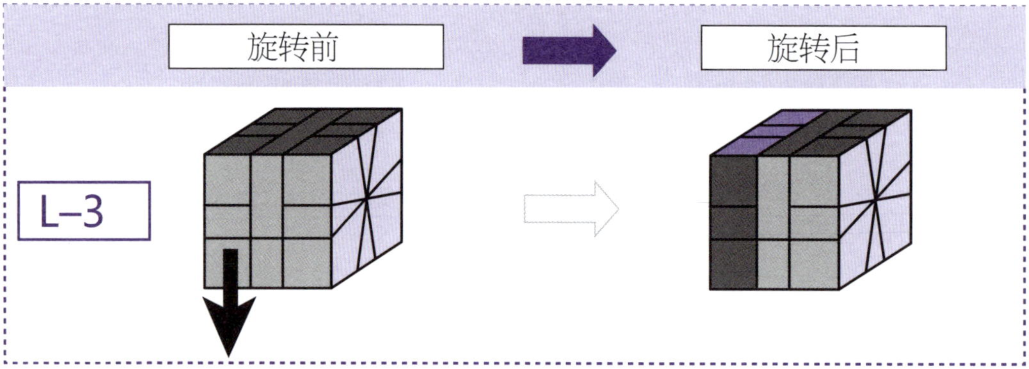


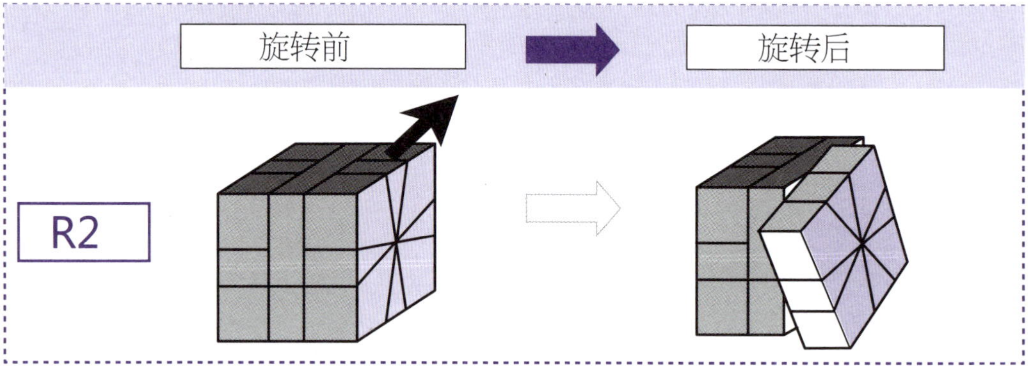


**2　中层通常不考虑其旋转角度，若有则以Mx表示，x是数字，记法同左右两层。**

## 3 “ / ”表示左中右三层连成一线“旋转上半部”，一次旋转180度。

每个公式一开始，面朝您的那一面，中间有两条线都可以转（通常左右都是正方形时，就会有这种情况），请对着下面那条线转上半部（调整中层以便能转动上半部）。如果在公式的中途则不要移动中层。

### 如下图所示：

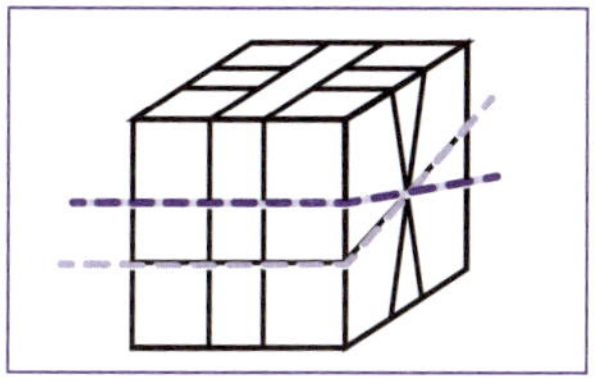

公式开始是正立方体，所以有两条线可以旋转。

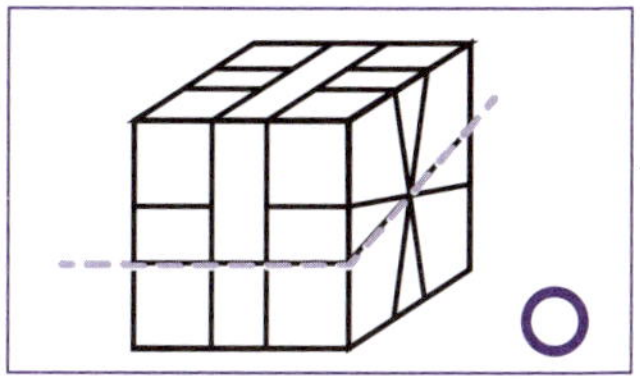

要对着下面那条线转上半部180度。这图的中层刚好对着下面那条线。

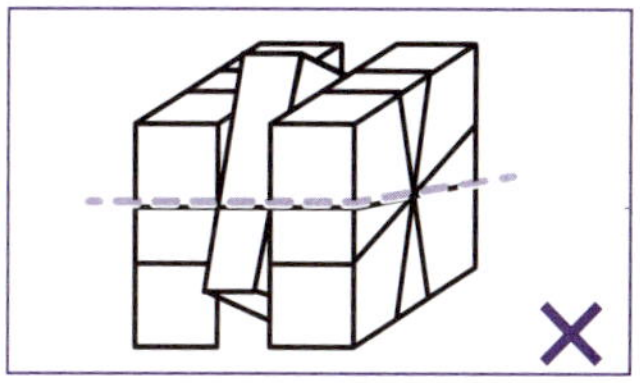

请勿转到对着上面那条线来转。

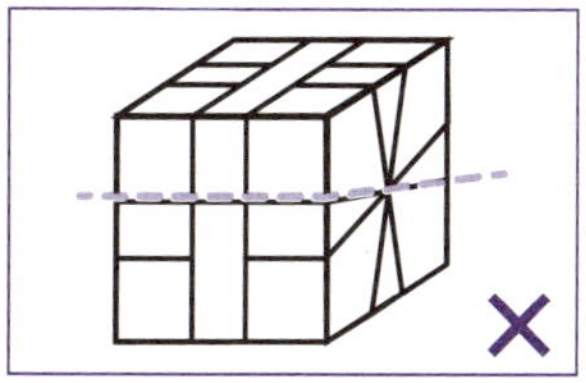

请勿对着上面那条线来转上半部。

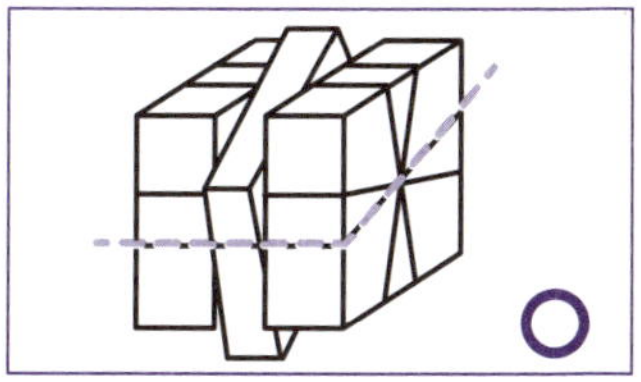

中层对着上面那条线时（像左边的图），把中层转到对着下面那条线。

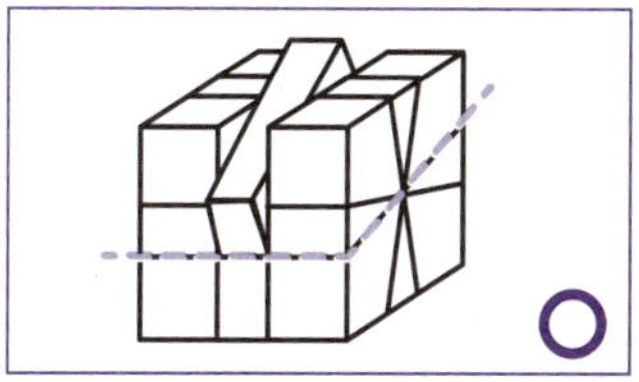

中层如果是蝴蝶形，请把中层转到对着下面那条线。

4

**y2**

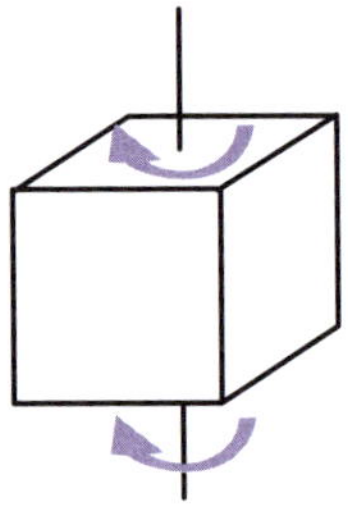

整个魔方旋转180度，上下方向不动，左右面对调、前后面对调。

**z2**

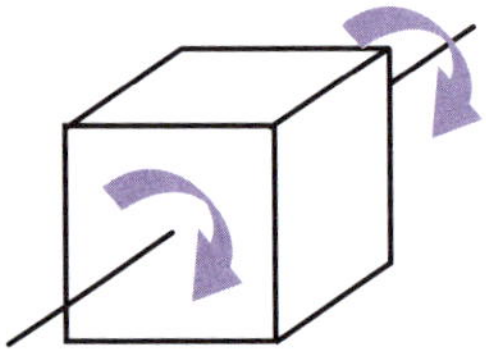

整个魔方旋转180度，前后方向不动，左右面对调、上下面对调。

角块参考位置代号

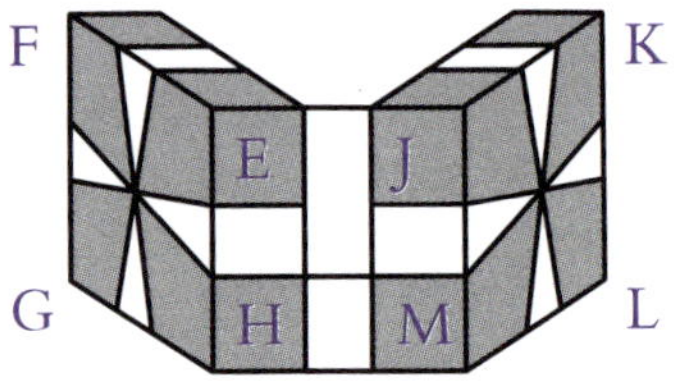


边块参考位置代号

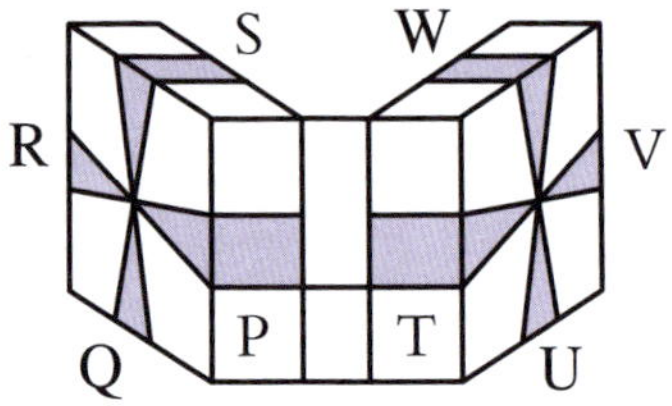


将分割层两色分离，各层正方形分割面均同色。这时请把两个分割面放在左右面。其实这在第一步时就可以同时做，但是有时是无法强求的。若发现只差一个角块或边块，其他都齐了，这时就需要先用到下面的**公式C1、C3、C5或B1、B2，预先调整位置再套公式。**

以下公式，会将实际立体图 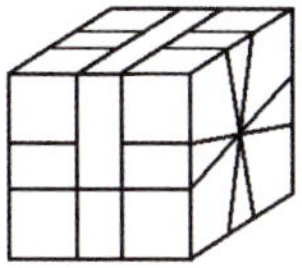 展开成 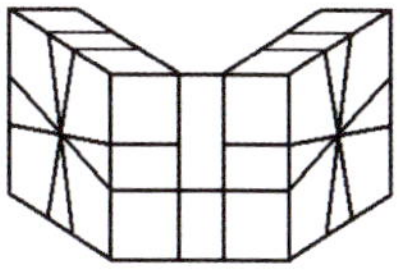 ，以利观察。

下面有几个特例，在把分割层转成同色一面时有些帮助。请注意方向性，有需要可用左右对称。（会用到第三步的B群公式。）

| | 情况 | 公式 | 目的 |
|---|---|---|---|
| 特例一 |  | B2（/ R3 / L3 R−3 / L−3 /）<br>+L−3 R2 /<br>→旋转上半部180度(以下简称旋转)<br>→右面向上转90度，旋转<br>→左面向上转90度，右面向下转90度，旋转<br>→左面向下转90度，旋转<br>+<br>→左面向下转90度，右面向上转60度，旋转 | 变成同色一面 |
| 特例二 | 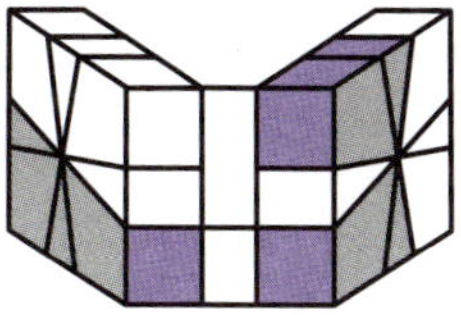 | R−1 / L2 R−2 /<br>→右面向下转30度，旋转<br>→左面向上转60度，右面向下转60度，旋转 | 变成特例一型 |

| | 情况 | 公式 | 目的 |
|---|---|---|---|
| 特例三 |  | R-1 / R-3 /<br>→右面向下转30度，旋转<br>→右面向下转90度，旋转 | 变成特例一型 |
| 特例四 |  | C1 (R-1 / L-1 R1 / L1 )+ L-1 R3 /<br>→右面向下转30度，旋转<br>→左面向下转30度，右面向上转30度，旋转<br>→左面向上转30度<br>+ →左面向下转30度，右面向上转90度，旋转 | 变成同色一面 |

小编体验笔记本

## Square-1变形魔方地雷区

Square-1的公式都很长，但是常常在转完后发现，根本没有转成功。小编找了好久，才发现原因：旋转时转错边了。

每当遇到符号“/”就必须旋转，这时，千万要记住旋转上半部180度，不要转到下半部了！不然就会转来转去转不出来，转到气闷、头晕加抓狂。

# 调整成六面 Step 3

**移动角块及边块，完成最后六面**

参考公式分为A、B、C、D四群，D群为前三群公式的综合应用。

首先，把角块颜色对齐（当然边块同时能连在一起更好），例如某角的深灰色面与相邻角的深灰色面在同一面，边块以后再处理，暂时不考虑中层颜色及位置。因为中层只有去和回两种转法，相对位置也只有对和不对两种。所以中层只协助对线，最后要完成六面时，再利用A群公式来调整。先利用直接对换移动和B群公式调整角块，再利用C群和D群公式来调整边块。

## A群

A群为简单调整公式。

| | 情况 | 公式 | 目的 |
|---|---|---|---|
| **A1** 左右面互换 |  A1 | ／L6 R6／（M−1）<br>→旋转上半部180度(以下简称旋转)<br>→左面向上转180度，右面向上转180度，旋转<br>→中层向下转30度 | 通常发现左右面与中层在前后两面颜色一致、上下两面颜色颠倒，可用这个公式调回来。 |
| **A2** 中层上半转向 |  A2 | ／R6／R6／R6<br>→旋转上半部180度(以下简称旋转)<br>→右面向上转180度，旋转<br>→右面向上转180度，旋转<br>→右面向上转180度 | 通常发现转完其他公式后，中层不是正方形，而是蝴蝶形，可利用这个公式转中层上半，而不会动到左右。这部分可等完成左右两面后再来调整。 |

# B群

以下每个公式的开始，都是完整的正立方体，除了中层不考虑是正方形还是蝴蝶形。

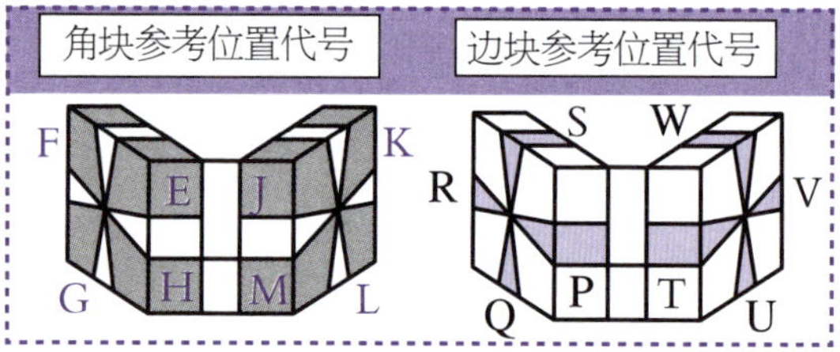


| 情况 | | 公式 | 目的 |
|---|---|---|---|
| **B1** 换对角 EP⟷GR JT⟷LV | 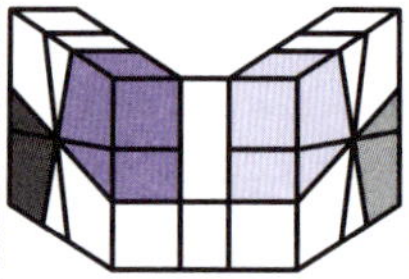 B1 | ／L3 R3／L−3 R−3／ →旋转上半部180度(以下简称旋转) →左面向上转90度，右面向上转90度，旋转 →左面向下转90度，右面向下转90度，旋转 | 用B1、B2这两个公式，其实就可以把B群所有的情况解决了。若想学速解的话，再去记下面的B3、B4、B5。 |
| **B2** 换邻角 EP⟷HQ JT⟷MU | 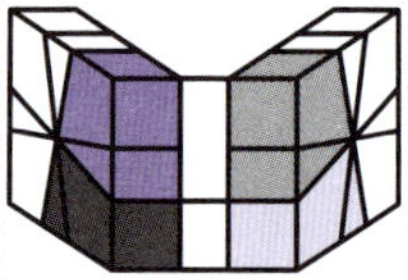 B2 | ／R3／L3 R−3／L−3／ →旋转上半部180度(以下简称旋转) →右面向上转90度，旋转 →左面向上转90度，右面向下转90度，旋转 →左面向下转90度，旋转 | |
| **B3** 左面换邻角 右面换对角 EP⟷FS JT⟷LV | 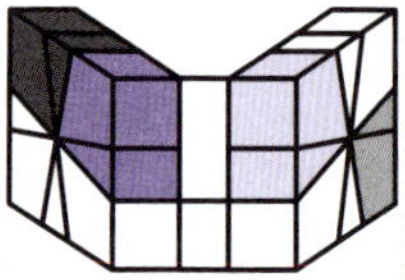 B3 | ／R3／R−3／R3／R−3／R6 →旋转上半部180度(以下简称旋转) →右面向上转90度，旋转 →右面向下转90度，旋转 →右面向上转90度，旋转 →右面向下转90度，旋转 →右面向上转180度 | |

| 代号 | 旋转方向 | | 代号 | 旋转度数 |
|---|---|---|---|---|
| L | 左面往上旋转 | 后接数字 | 1 | 转30度（一个边块角度） |
| L– | 左面往下旋转 | | 2 | 转60度（两个边块或一个角块角度） |
| R | 右面往上旋转 | | 3 | 转90度 |
| R– | 右面往下旋转 | | 4 | 转120度 |
| | | | 5 | 转150度 |
| | | | 6 | 转180度 |

情况　公式

## B4

右面换对角

J←→L

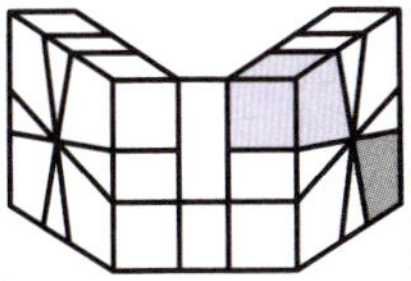

B4

B2 ( / R3 / L3 R–3 / L–3 / ) +R6
+B2 ( / R3 / L3 R–3 / L–3 / )

→旋转上半部180度(以下简称旋转)
→右面向上转90度，旋转
→左面向上转90度，右面向下转90度，旋转
→左面向下转90度，旋转
+→右面向上转180度
+→旋转上半部180度
→右面向上转90度，旋转
→左面向上转90度，右面向下转90度，旋转
→左面向下转90度，旋转

## B5

右面换邻角

J←→K

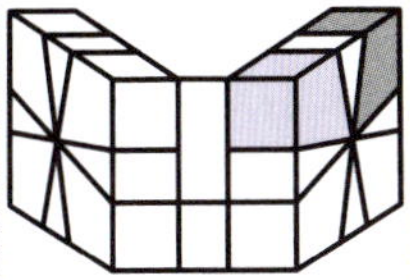

B5

B2 ( / R3 / L3 R–3 / L–3 / ) + R3
+B2 ( / R3 / L3 R–3 / L–3 / )

→旋转上半部180度(以下简称旋转)
→右面向上转90度，旋转
→左面向上转90度，右面向下转90度，旋转
→左面向下转90度，旋转
+→右面向上转90度
+→旋转上半部180度
→右面向上转90度，旋转
→左面向上转90度，右面向下转90度，旋转
→左面向下转90度，旋转

# C群

调整边块，通常是最后阶段用。

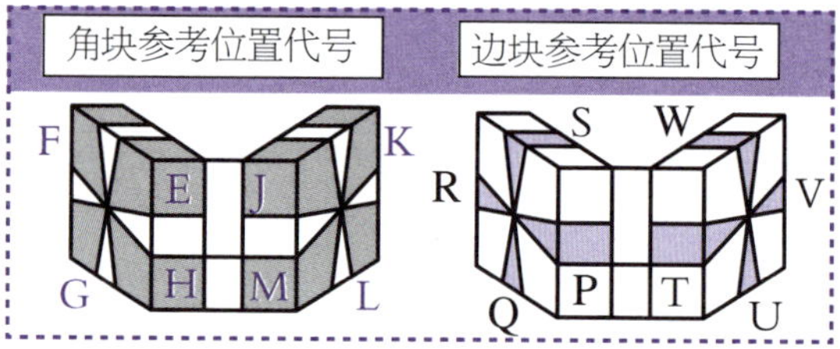


| 情况 | | 公式 |
| --- | --- | --- |
| **C1**<br>两面一双<br>对边交换<br>P←→V<br>T←→R | 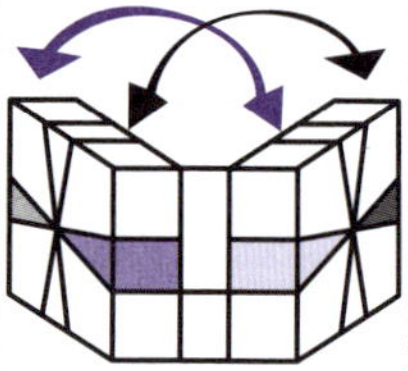<br>C1 | R−1／L−1 R1／L1<br>→右面向下转30度，旋转<br>→左面向下转30度，右面向上转30度，旋转<br>→左面向上转30度 |
| **C2**<br>两面一双<br>对边对调<br>P←→R<br>T←→V | 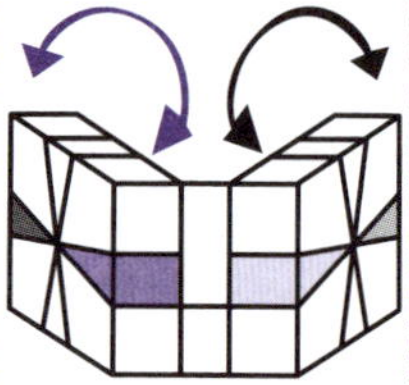<br>C2 | R−1／R6／L−1 R1／L1 R5／R1<br>→右面向下转30度，旋转<br>→右面向上转180度，旋转<br>→左面向下转30度，右面向上转30度，旋转<br>→左面向上转30度，右面向上转150度，旋转<br>→右面向上转30度 |
| **C3**<br>两面一双<br>邻边交换<br>P←→T<br>Q←→U | 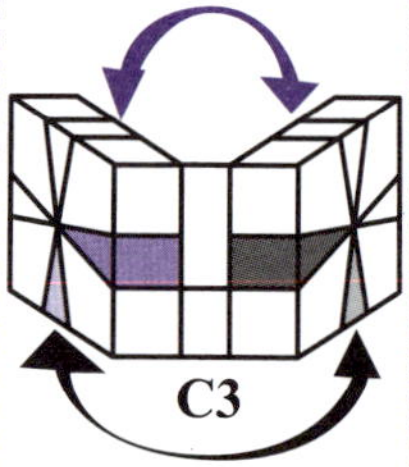<br>C3 | R2／L−3／L−1 R1／L4 R−1／R−2<br>→右面向上转60度，旋转<br>→左面向下转90度，旋转<br>→左面向下转30度，右面向上转30度，旋转<br>→左面向上转120度，右面向下转30度，旋转<br>→右面向下转60度 |

| 代号 | 旋转方向 | | 代号 | 旋转度数 |
|---|---|---|---|---|
| L | 左面往上旋转 | 后接数字 | 1 | 转30度（一个边块角度） |
| L− | 左面往下旋转 | | 2 | 转60度（两个边块或一个角块角度） |
| R | 右面往上旋转 | | 3 | 转90度 |
| R− | 右面往下旋转 | | 4 | 转120度 |
| | | | 5 | 转150度 |
| | | | 6 | 转180度 |

| 情况 | | 公式 |
|---|---|---|
| **C4**<br>两面一双邻边对调<br>P⟷Q<br>T⟷U | <br>C4 | R2／L3／L−1 R1／L−2 R−1／R−2<br>→右面向上转60度，旋转<br>→左面向上转90度，旋转<br>→左面向下转30度，右面向上转30度，旋转<br>→左面向下转60度，右面向下转30度，旋转<br>→右面向下转60度 |
| **C5**<br>右面一双对边对调<br>W⟷U | 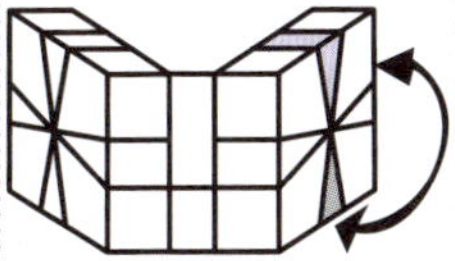<br>C5 | ／L3 R−3／R1／L2 R4／L−2 R−4／R2／L2 R4／L−5 R−1／R3／L3 R−3／L−3<br>→旋转上半部180度(以下简称旋转)<br>→左面向上转90度，右面向下转90度，旋转<br>→右面向上转30度，旋转<br>→左面向上转60度，右面向上转120度，旋转<br>→左面向下转60度，右面向下转120度，旋转<br>→右面向上转60度，旋转<br>→左面向上转60度，右面向上转120度，旋转<br>→左面向下转150度，右面向下转30度，旋转<br>→右面向上转90度，旋转<br>→左面向上转90度，右面向下转90度，旋转<br>→左面向下转90度 |

# D群

D群是其他一些情况的组合运用，其实读者自己利用A、B、C三群的公式即可完成，若真的想不出来的话，再来看下面的提示。

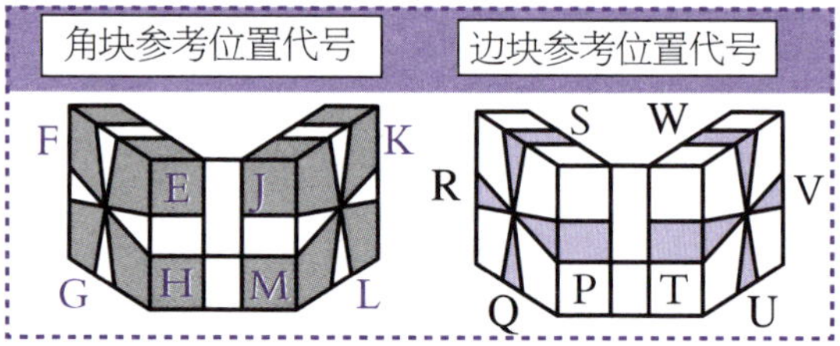


| | 情况 | 公式 |
|---|---|---|
| **D1**<br>双面对边对调<br>P←→R<br>Q←→S<br>T←→V<br>U←→W | 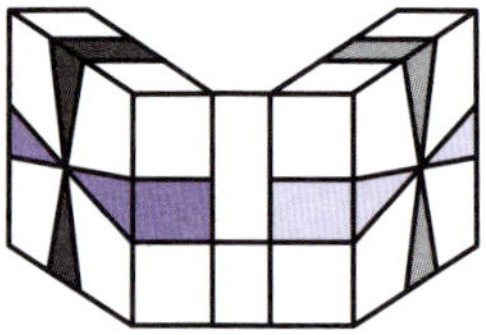<br>D1 | B1（/L3 R3/L–3 R–3/）<br>+z2+B1（/L3 R3/L–3 R–3/）<br>→旋转上半部180度(以下简称旋转)<br>→左面向上转90度，右面向上转90度，旋转<br>→左面向下转90度，右面向下转90度，旋转<br>+→整个魔方向下旋转180度<br>+→旋转上半部180度<br>→左面向上转90度，右面向上转90度，旋转<br>→左面向下转90度，右面向下转90度，旋转 |
| **D2**<br>双面三边轮调<br>P→Q→S→P<br>T→U→W→T | 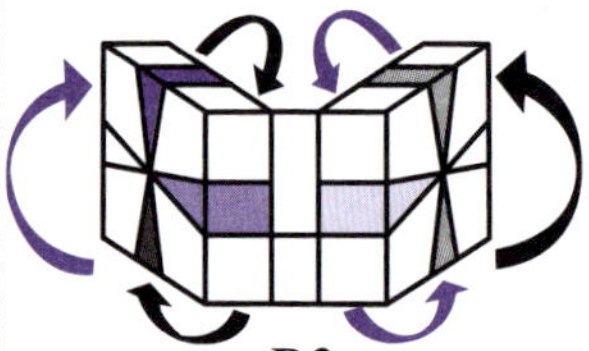<br>D2 | B2（/R3/L3 R–3/L–3/）+z2<br>+B2（/R3/L3 R–3/L–3/）+z2<br>→旋转上半部180度(以下简称旋转)<br>→右面向上转90度，旋转<br>→左面向上转90度，右面向下转90度，旋转<br>→左面向下转90度，旋转<br>+→整个魔方向下旋转180度<br>+→旋转上半部180度<br>→右面向上转90度，旋转<br>→左面向上转90度，右面向下转90度，旋转<br>→左面向下转90度，旋转<br>+→整个魔方向下旋转180度 |

| 代号 | 旋转方向 | | 代号 | 旋转度数 |
|---|---|---|---|---|
| L | 左面往上旋转 | 后接数字 | 1 | 转30度（一个边块角度） |
| L– | 左面往下旋转 | | 2 | 转60度（两个边块或一个角块角度） |
| R | 右面往上旋转 | | 3 | 转90度 |
| R– | 右面往下旋转 | | 4 | 转120度 |
| | | | 5 | 转150度 |
| | | | 6 | 转180度 |

**情况** **公式**

# D3

单面
双邻边对调
T←→U
V←→W
（将VW对转到PS，再下转到QP，用完C4后，再转回来。）

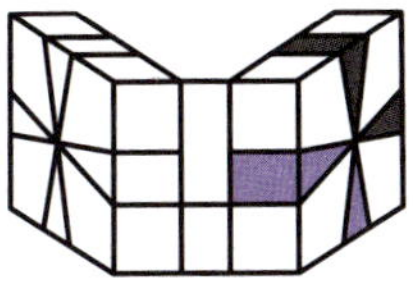

D3

R–1 ／L–3 R1 ＋ C4（R2 / L3 / L–1 R1 / L–2 R–1 / R–2）＋ L3 R–1 ／R1

→右面向下转30度，旋转
→左面向下转90度，右面向上转30度
＋→右面向上转60度，旋转
→左面向上转90度，旋转
→左面向下转30度，右面向上转30度，旋转
→左面向下转60度，右面向下转30度，旋转
→右面向下转60度
＋→左面向上转90度，右面向下转30度，旋转
→右面向上转30度

# D4

单面
双对边对调
T←→V
U←→W

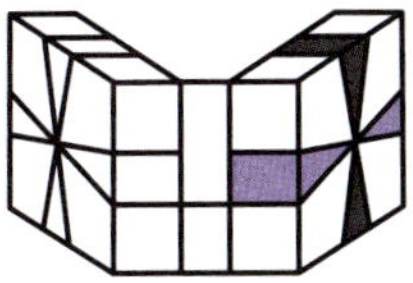

D4

用四次C1（R–1 ／L–1 R1 ／L1）

→右面向下转30度，旋转
→左面向下转30度，右面向上转30度，旋转
→左面向上转30度
重复四次

| | 情况 | 公式 |
|---|---|---|
| **D5**<br>单面三边轮调<br>T→U→W→T<br>（先用C4换<br>P←→Q及<br>T←→U，<br>再用C4换<br>P←→Q及<br>T←→W。） | 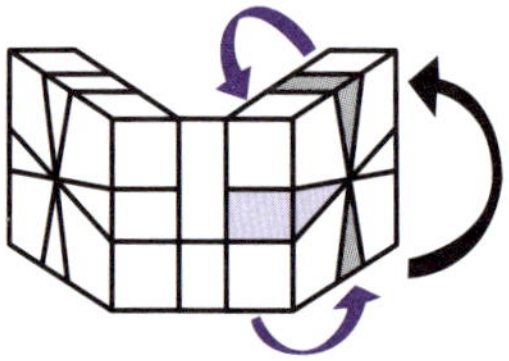<br>D5 | C4（R2 / L3 / L–1 R1 / L–2 R–1 / R–2）+R–3+C4（R2 / L3 / L–1 R1 / L–2 R–1 / R–2）+R3<br>→右面向上转60度，旋转<br>→左面向上转90度，旋转<br>→左面向下转30度，右面向上转30度，旋转<br>→左面向下转60度，右面向下转30度，旋转<br>→右面向下转60度<br>+→右面向下转90度<br>+→右面向上转60度，旋转<br>→左面向上转90度，旋转<br>→左面向下转30度，右面向上转30度，旋转<br>→左面向下转60度，右面向下转30度，旋转<br>→右面向下转60度<br>+→右面向上转90度 |
| **D6**<br>单面一邻边对调<br>T←→U | 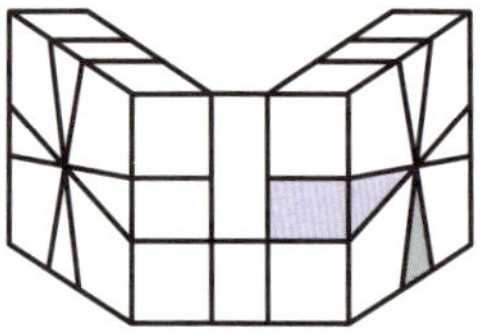<br>D6 | L–1 ／R–3 ／L1 R3+ C5 + L–1 R–3 ／R3 ／L1<br>→左面向下转30度，旋转<br>→右面向下转90度，旋转<br>→左面向上转30度，右面向上转90度<br>+→C5(／L3 R－3／R1／L2 R4／L－2 R－4／R2／L2 R4／L－5 R－1／R3／L3 R－3／L－3)(请参考第77页)<br>+→左面向下转30度，右面向下转90度，旋转<br>→右面向上转90度，旋转<br>→左面向上转30度 |

| 代号 | 旋转方向 | | 代号 | 旋转度数 |
|---|---|---|---|---|
| L | 左面往上旋转 | 后接数字 | 1 | 转30度（一个边块角度） |
| L– | 左面往下旋转 | | 2 | 转60度（两个边块或一个角块角度） |
| R | 右面往上旋转 | | 3 | 转90度 |
| R– | 右面往下旋转 | | 4 | 转120度 |
| | | | 5 | 转150度 |
| | | | 6 | 转180度 |

| | 情况 | 公式 |
|---|---|---|
| **D7**<br>单面<br>T→U→V→W→T<br>（用D3，会变成T←→U，再用C5。） | 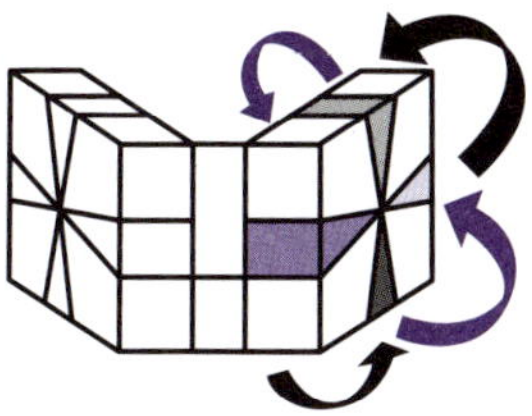<br>D7 | D3[R–1 / L–3 R1+ C4（R2 / L3 / L–1 R1 / L–2 R–1 / R–2）+L3 R–1 / R1]+C5（/ L3 R–3 / R1 / L2 R4 / L–2 R–4 / R2 / L2 R4 / L–5 R–1 / R3 / L3 R–3 / L–3）<br>D3(请参考第79页)+C5(请参考第77页) |

其实只需记忆A1、A2、B1、B2、C2、C4、C5等七个公式，就能转出六面。

如同三阶魔方的传统基本公式一样，虽然不是最快，但保证能转出来。

成功制霸Square–1
变形魔方，
您是无敌高手！

# Chapter 5

# 魔方公式之进阶活用

下面介绍几种使用公式的技法，初学者学新的公式时可以多加利用。

当然，公式可以上网找或看书学习，此处并未列出所有的公式，但是我们可以利用以下少数公式对付所有的情形。

# 倒转公式

**什么叫做“倒转”？**

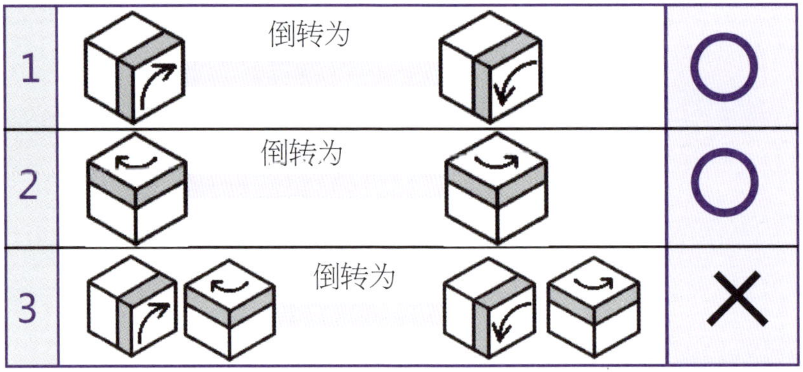


为什么3不成立呢？因为所谓倒转，是一个魔方用正转变成一种情况，再用倒转来恢复原来的样子；而3的倒转，是不会恢复原样的。所以正确的倒转如下。

不仅方向要反过来，而且顺序也要反过来。倒转是依序（反序）把正转抵消。

# 公式运用

这里要看到的是，魔方高手最常使用的三阶公式CFOP里的n01公式。（n01的转法有很多种，这里我们看最简单的一种。）

## n01公式

这个转法的**效果**是，把顶面的三个边块顺时针交换一次，其他所有的边块和角块都不会变动，如下图所示。

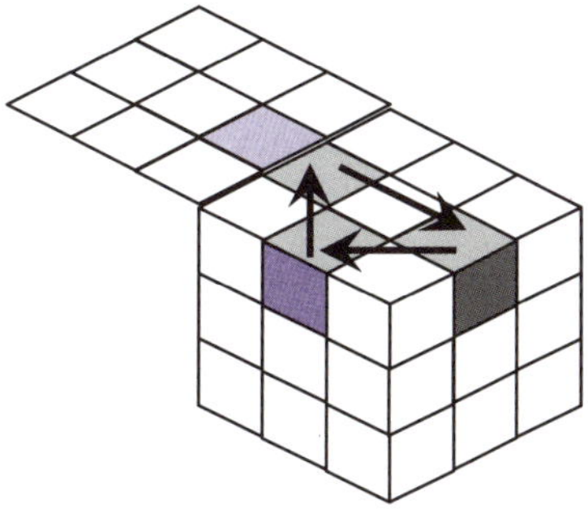

我们想一想，把这个公式整个倒过来做，就像用摄像机拍下来，用倒带的方式看，会有什么效果？拿个已经完成六面的魔方试试看吧！

## n01公式倒转的转法

**猜猜看**，这个倒转法会有什么效果？原来的正转，会让顶面的三边块顺时针交换一次，那么倒转应该会逆时针交换一次喽！

**果然没错！** 利用n01公式进行倒转，就会使三边块逆时针交换一次。

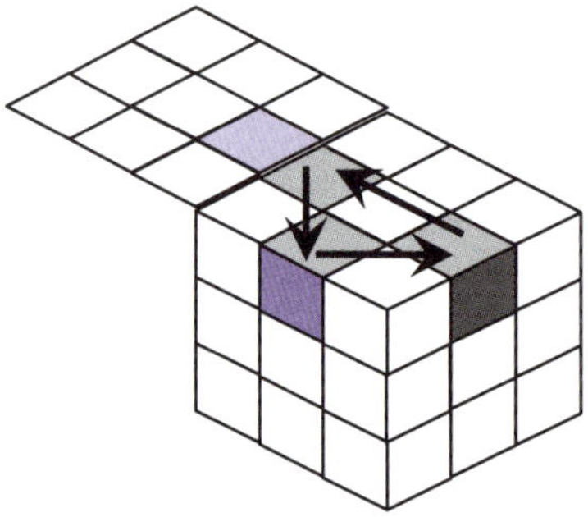

如果能体会这一点的话，在学习公式时可以节省一半时间。只要掌握正转及其结果，就可以用倒转来做到相反的结果了。

**因此，从CFOP的n01公式，可以引导出CFOP的n02公式。**

转法小档案

## CFOP转法介绍：

CFOP是魔方高手常用的转法。

此转法把转六面的流程分为四个部分：

1. Cross：转好底面十字。
2. First Two Layers (F2L)：转好底面及靠近底面的四周面下层和中层。
3. Orientation of Last Layer (OLL)：转好顶面。
4. Permutation of Last Layer (PLL)：转好四周面的上层。

四个阶段合称为 CFOP。

# 对称转法

**什么叫做“对称转”？**

除了倒转可以得到新公式之外，还有一种方式就是对称转。

我们先来看左右对称转的形式。

| | | | | |
|---|---|---|---|---|
| 1 | 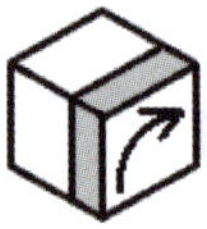 | 对称转为 |  | ○ |
| 2 |  | 对称转为 |  | ○ |
| 3 |  | 对称转为 | 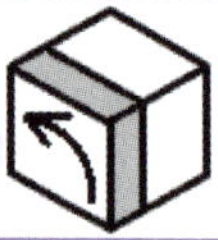 | ○ |

这些都是左右对称转，可以想成本来是右手做的，变成左手做，而且是左右相反的。

上面介绍的n01公式，如果用左右对称转的方式来做的话，也是变成n02公式。这是这个公式特别的地方，倒转和左右对称转是一样的，但不是所有的公式都这么特别。

# 公式运用

## n03公式

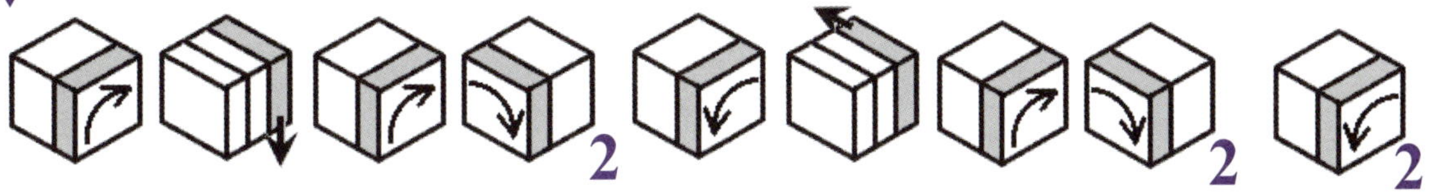

其**效果**是顶面三个角块逆时针交换一次。

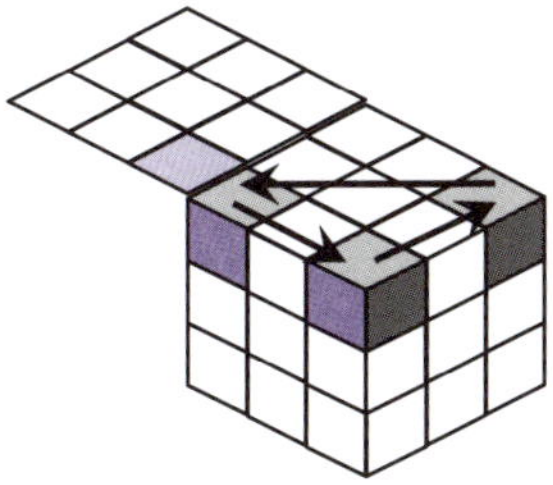

我们对照这个转法，找出其倒转法，其作用是这三个角块顺时针交换一次。

## 倒转公式

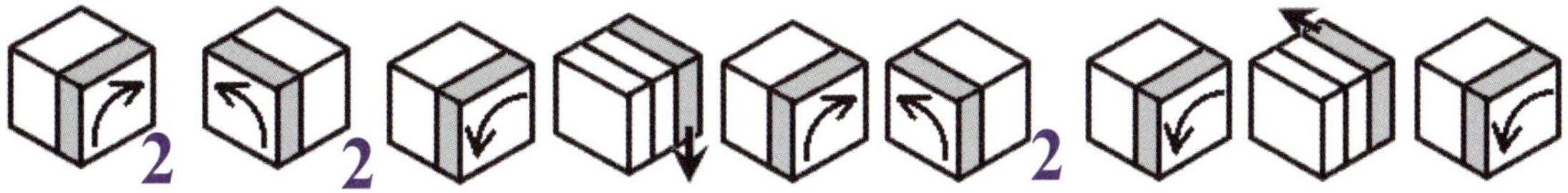

其**效果**是

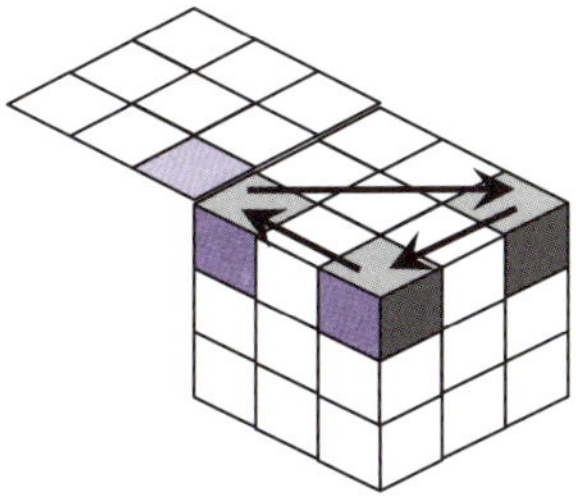

下面我们来比对一下原转法和左右对称转法：

## 原转法n03

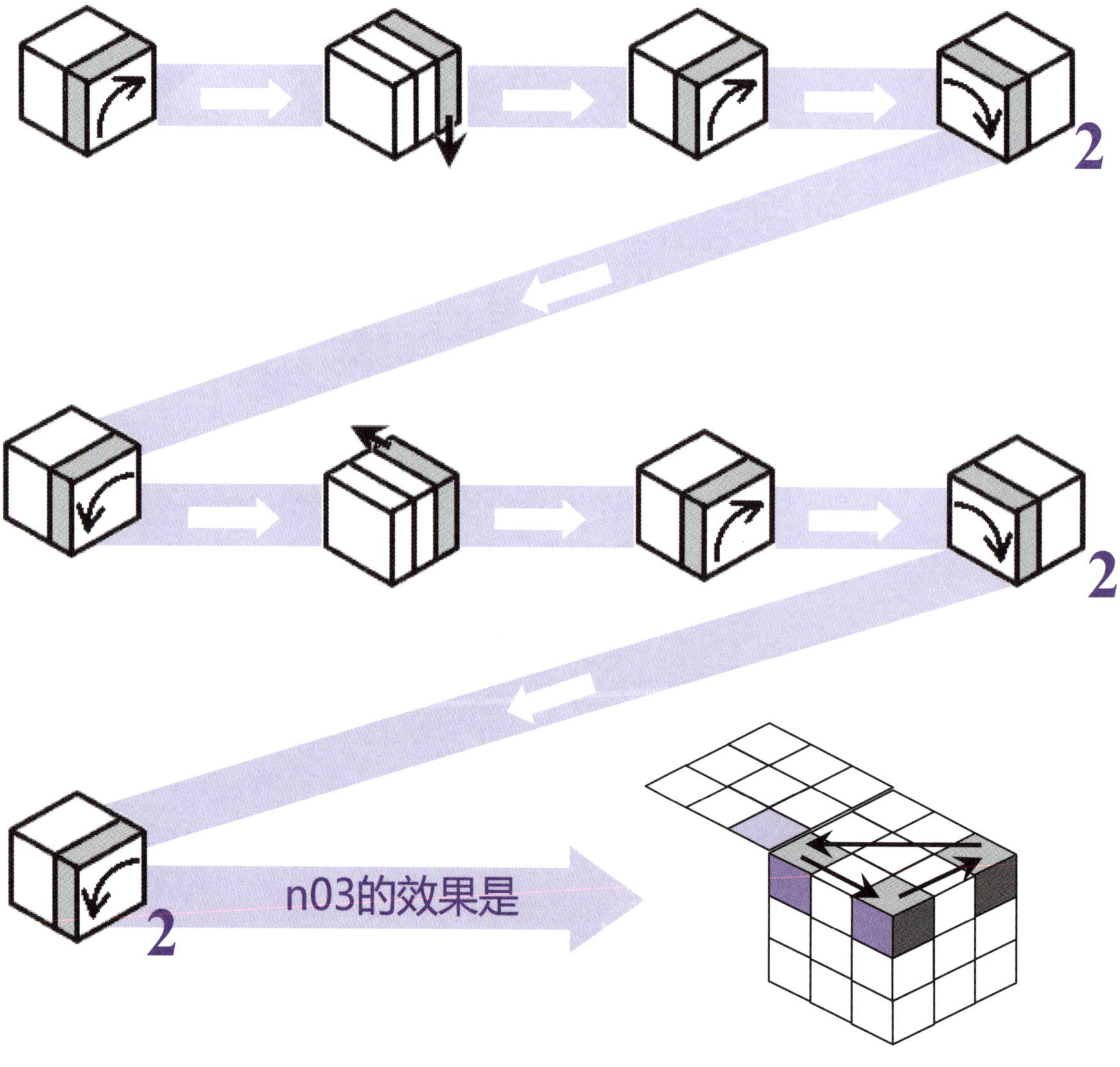

## n03左右对称转法

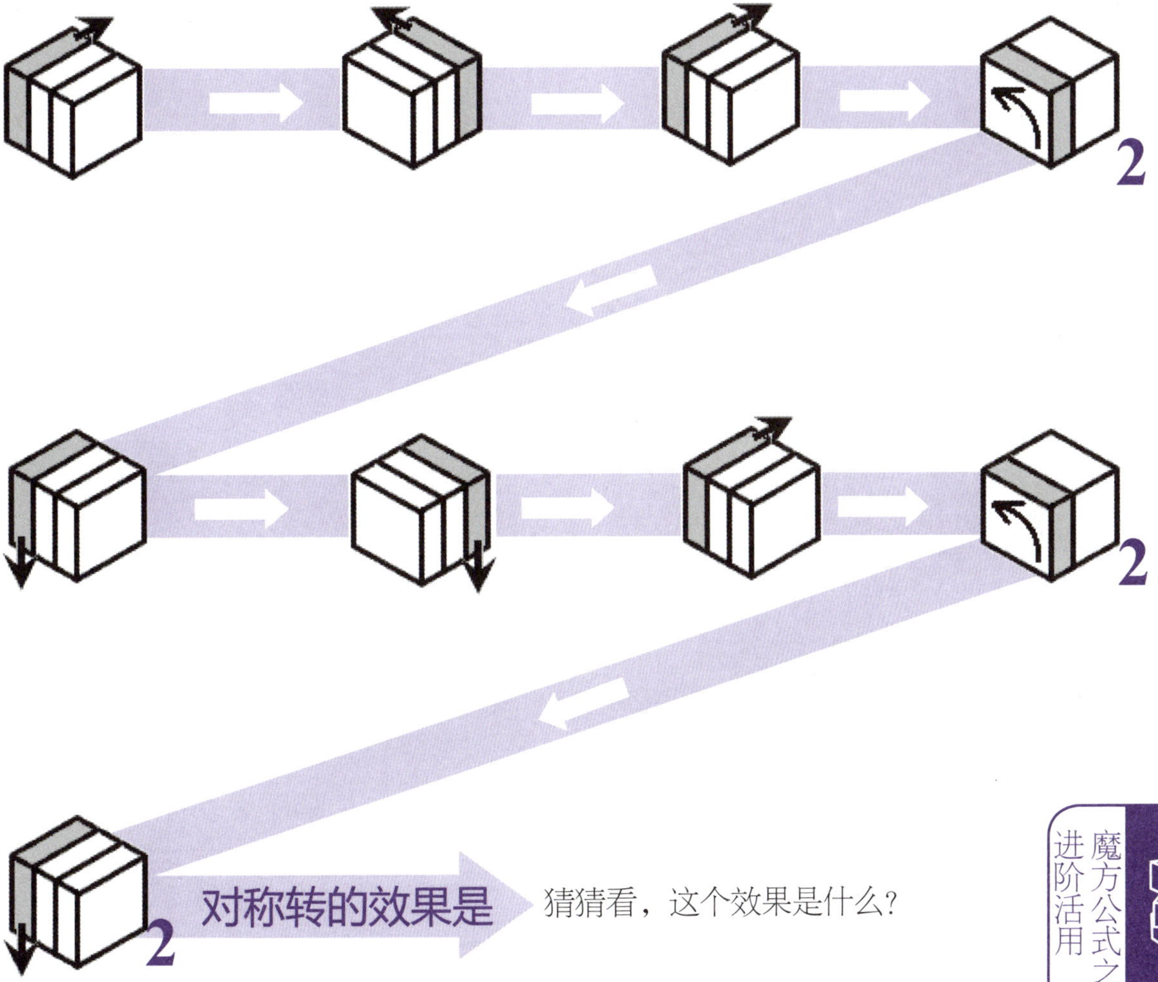


猜猜看，这个效果是什么?

相信应该难不倒您，就是

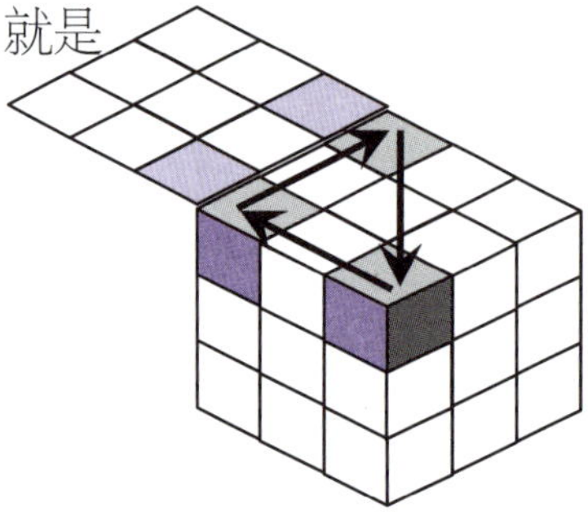

## 这个公式就是n04公式。

这跟n03的倒转法和左右对称转法，同样是三个角块顺时针交换，但是位置不同。这时可能会产生另一个疑问——

**Q：**那就用倒转法好啦！何必用左右对称转法呢？

**A：**其实仔细比较两种寻找公式的方法，就会发现，左右对称转法比倒转法容易做、容易找。因为倒转需要“倒背如流”，而左右对称转就像照镜子一样容易，仿佛右手换成左手来做。

**倒转法和左右对称转法各有其功能，尤其是在CFOP的OLL阶段，在此就不详述了，留给喜欢进一步研究的读者一些探索的乐趣。**

# 组合公式

上面我们学过了基本的换三边公式n01和n02，如果我们想换四边呢？

## 情况

如上图两两对调，只用n01公式做得到吗？

由于只用n01公式，所以可能要用两次。首先对这个方块用一次n01公式。

# 解法大公开！

n01公式

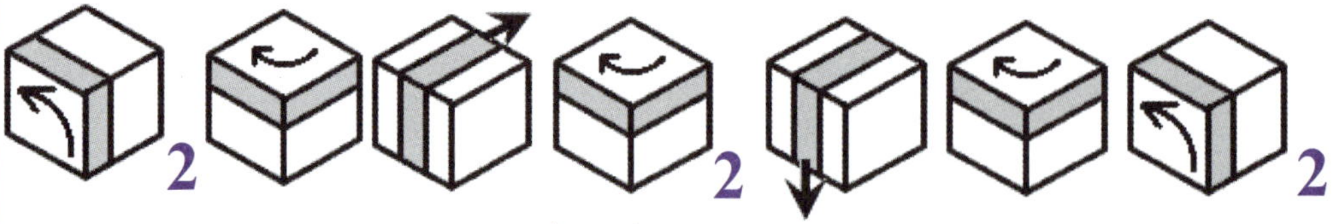

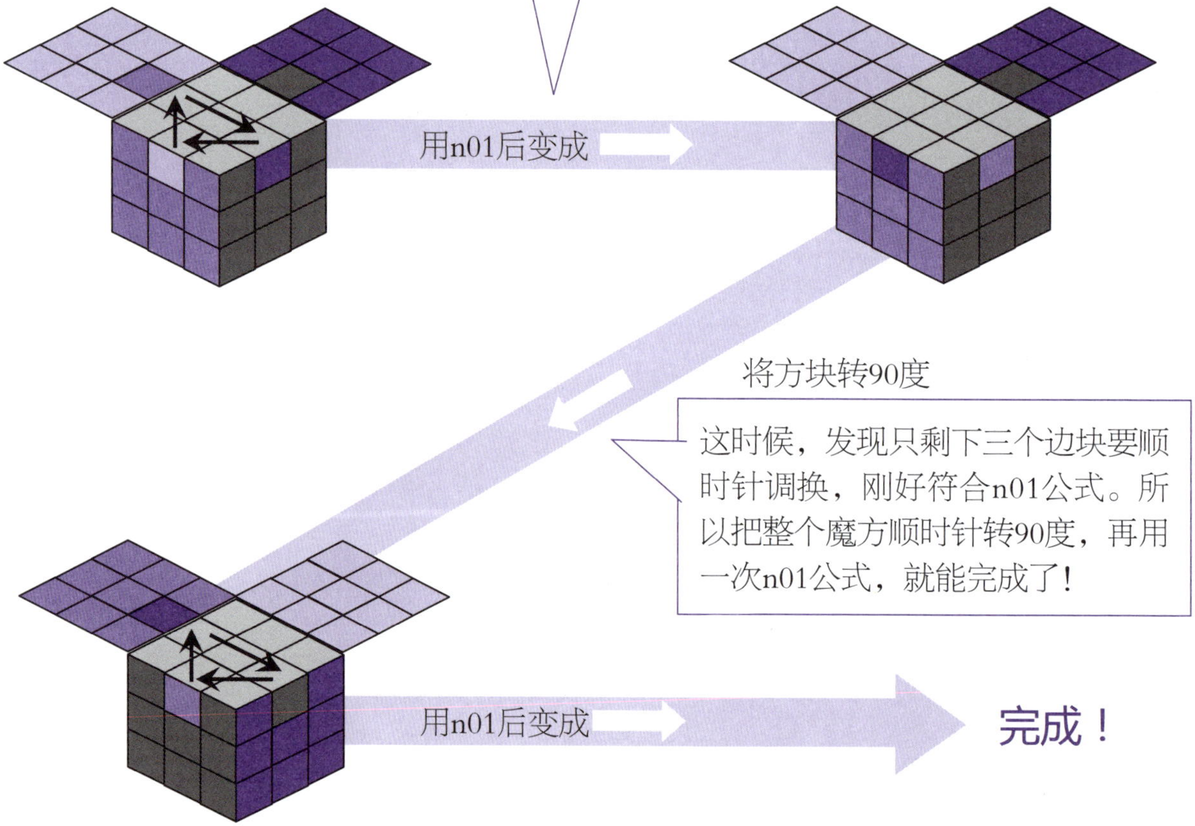
用n01后变成
将方块转90度
这时候，发现只剩下三个边块要顺时针调换，刚好符合n01公式。所以把整个魔方顺时针转90度，再用一次n01公式，就能完成了！
用n01后变成
完成！

# 情况

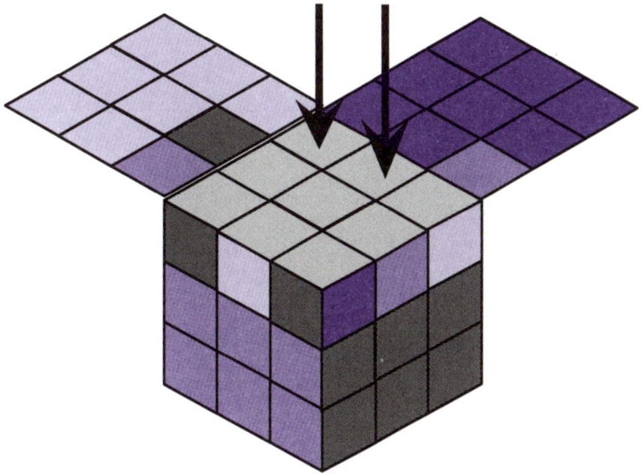


Q：这种情形，黄色顶面唯一完成的，只有一个边块和一个角块。这该用什么方法来解呢？

A：玩魔方的人，应该已经有个概念：转正立方体时，是边块和边块换位置、角块和角块换位置，不可能是边块和角块换位置。所以，我们应该把边块移动情形和角块移动情形分开来观察。

# 解法大公开！

只看边块移动时：

刚好就是使用n01公式

只看角块移动时：

刚好就是使用n03公式

## n01公式

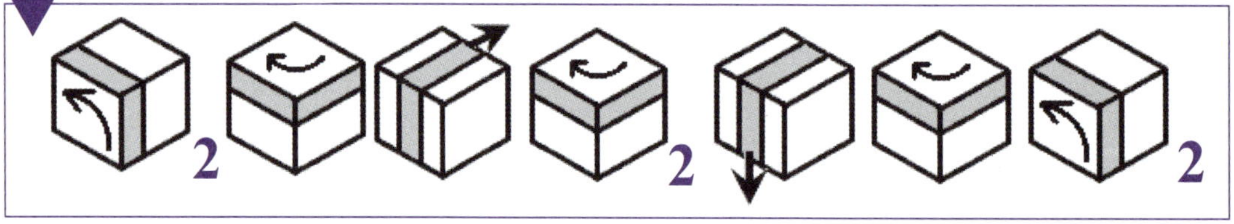


## n03公式

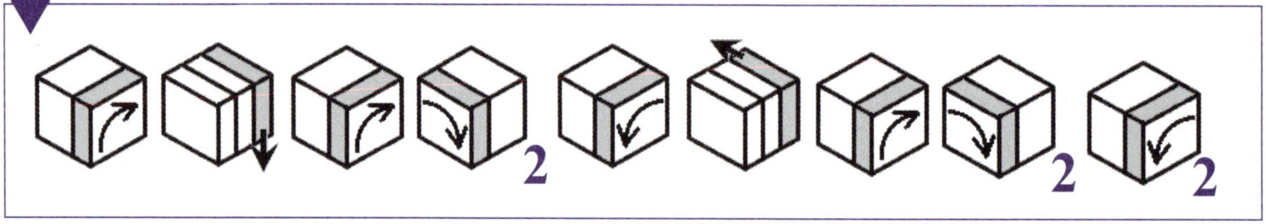

这种情形，刚好是用n01和n03可以处理的。至于是先用边块的n01，还是角块的n03，都没有关系。因为移动角块时，边块是不会动的；同样移动边块时，角块也不会动。所以不论先后各做一次，都可以达到同样的效果。

**只要适当地组合公式（可能是一种公式用两次，也可能是用两种公式），就能完成很多种情况。初学者只要记住几个基本的公式，而不必把全部公式背下来。**

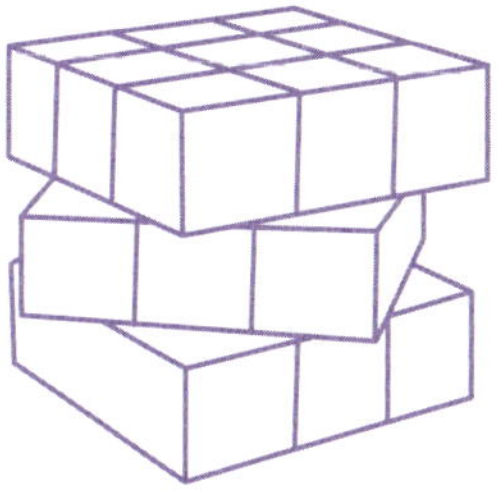

# 预备动作→公式→复原动作

学会把魔方恢复六面之后，接着您会做什么？大部分人会把魔方打乱，再重复解出六面。有人会练速度，期盼愈转愈快。有人则喜欢转出花式，看看魔方能变出哪些美丽的花样。

所谓花式，就是魔方的颜色排出某种有规则的形式和图案。不过，如果一开始就是混乱的情形，要转成您心中想要的情形，似乎有点辛苦。所以玩花式的人，大概是从已经完成六面的状态出发，然后转成想要的图案。

不过，目前的公式大部分都是对付“速解”（就是要很快解出来）的，像前述的n01、n02、n03等。那么有没有办法用这些公式，转出我想要的花式呢？

## 关于n01公式

回顾一下n01公式，其作用是把顶面的三个边块顺时针交换一次。

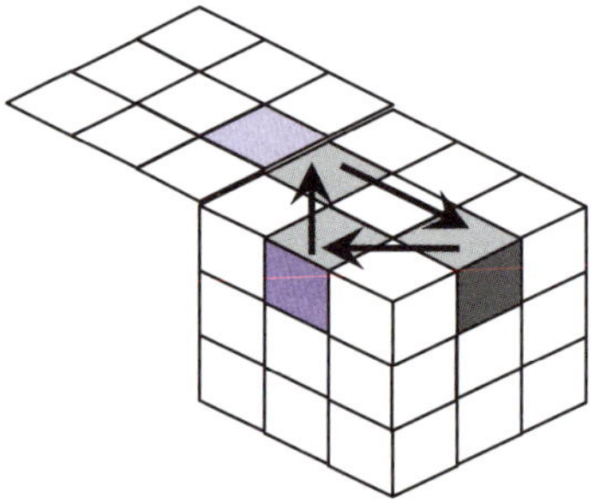

首先，我们要认清一点，就是在用n01公式时，只有那三个边块在调动，其他边块和角块是不会动的，这可以从前面的例子中看出。在用n01之前，整个魔方已经完成到只剩这三个边块要调动，其他边块角块颜色都已经完成。用完n01之后，其他边块角块颜色仍会恢复。

也就是说，**n01公式只会调动这三个边块，其他边块角块都不动。**

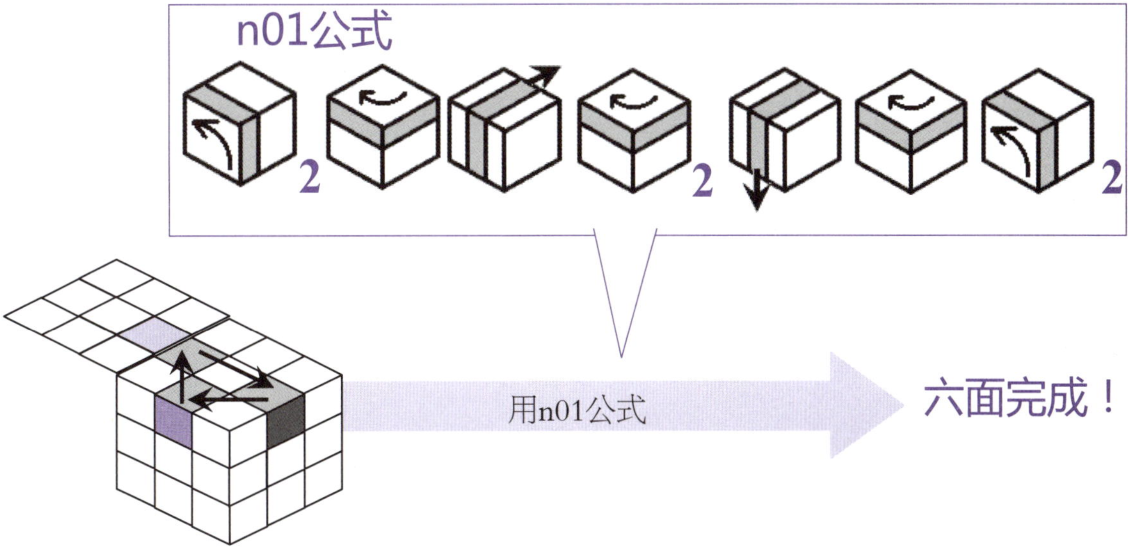


想想看，如果其他边块角块在套用n01公式之前是混乱的，那在套用n01公式之后呢？当然不可能变成六面都完成的情况。实际上n01公式只会调动这三个边块，所以其他边块角块会恢复原来的混乱状态。

# n01公式的进阶活用

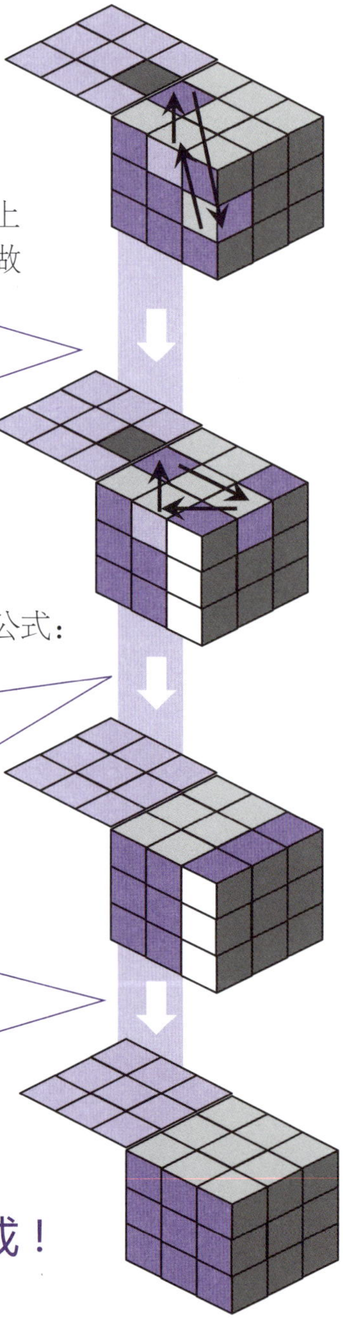

如果我希望的是，如右图所示的三个边块交换呢？

相信大概没有人会记这种三个边块调动的公式，实际上我们也不用去发明。为什么呢？因为我们可以用n01公式来做到这三个边块的调动。

由于n01公式只会动到如前述的三个边块，其他都不动，所以我们可以先做一个预备动作。

预备动作：

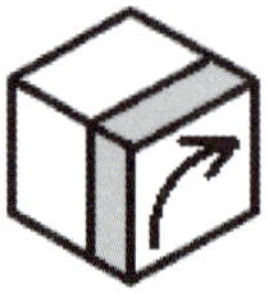

这时候，刚好就是n01公式能解决的情况，所以套用n01公式：

n01公式

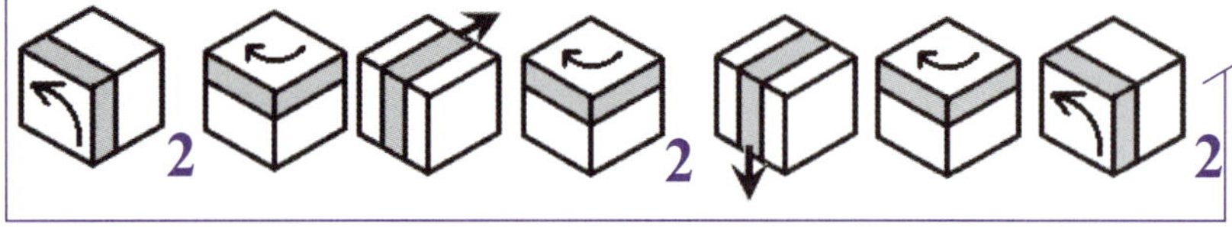


最后再做个复原动作。

复原动作：

完成！

## 仔细看一下流程：预备动作→公式→复原动作。

预备动作，是把我们想要变动的部分安排到公式可变动的地方（数个边块、角块位置）。套用完公式之后，已经达到我们的预期，想要变动的部分已变动好，最后再做复原动作，恢复原状。

## 注意：复原动作是预备动作的倒转。

这个想法，让我们可以很有弹性地运用公式（如n01），随心所欲地调动整个魔方的任何三个边块，我们只需将预备动作做好（把三个边块移到同一面），套完公式后将复原动作做好（三个边块移回原位）。

# 手脑转转看！

**Q：** n03可移动三个角块，您能不能设计一下，看如何移动下面的三个角块呢（可以先不管这些角块颜色的方向）？

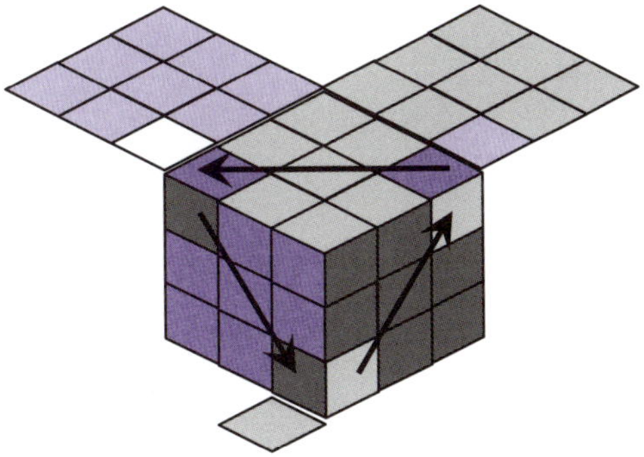

三阶魔方
四阶魔方
金字塔魔方
Square-1变形魔方
魔方公式之进阶活用

## A：

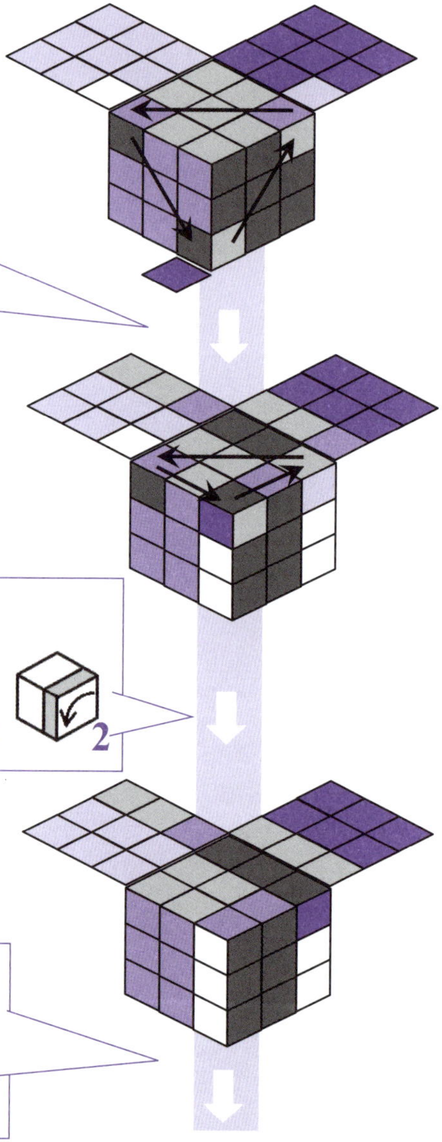

预备动作：

先不用理会这么混乱的状态，只需注意您要换的三个角块的位置，当它们正好在n03公式的变动位置时，再套用n03公式。

n03公式

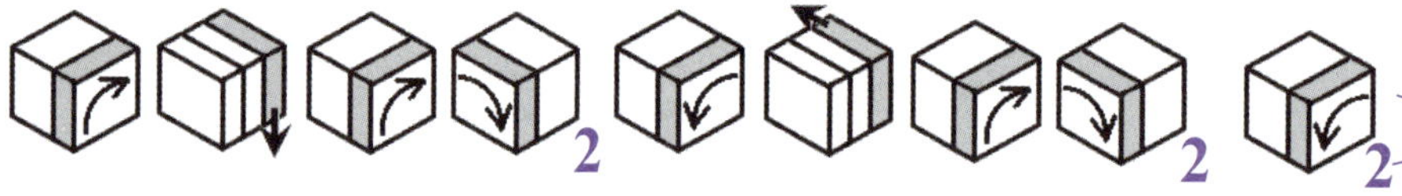

三个角块已经到了应该去的位置。

复原动作：
（为预备动作的倒转）

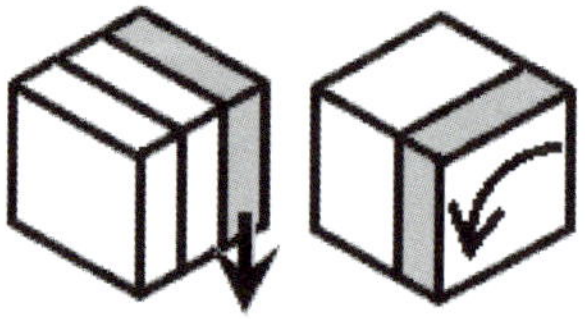

完成！

这种技术需要多练习。如果您已经会完成六面了，就不用怕转乱转错。熟练以后，就可以变很多花式图案。

# 中心旋转法

如果您拿到的魔方，六面不只有颜色，还有图案，那么在您完成六面后，还可能碰到中心图案与同一面的其他边块角块图案的方向不一致的情况，如下图所示，淡紫色箭头的中心反了。

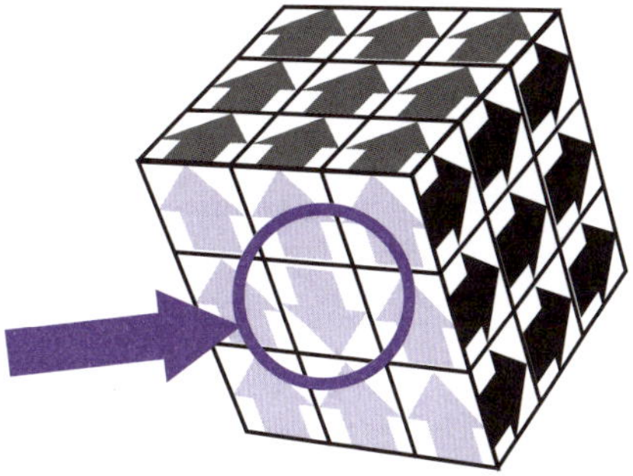

一般六面公式并不能解决这种中心方向的问题，除非一开始就先对齐底面和四周面的中心方向。采用“8355转法”处理最后一面的中心很容易，若用CFOP公式，则需要考虑正向转法与反向转法对中心的作用。

下面我们介绍中心旋转法，其方法很像前面介绍的预备动作、复原动作，但是原理比较深奥，也许可以在下一本书中详细介绍。

## 中心旋转法可以分为两类：

（一）一面中心顺时针旋转90度，另一面中心逆时针旋转90度。

（二）单面中心旋转180度。

## （一）一面中心顺时针旋转90度，另一面中心逆时针旋转90度。

请看右图，需要将深灰色中心顺时针旋转90度，深紫色中心逆时针旋转90度。我们要利用浅灰色面来做（但做完后浅灰色面中心是不会转动的）。

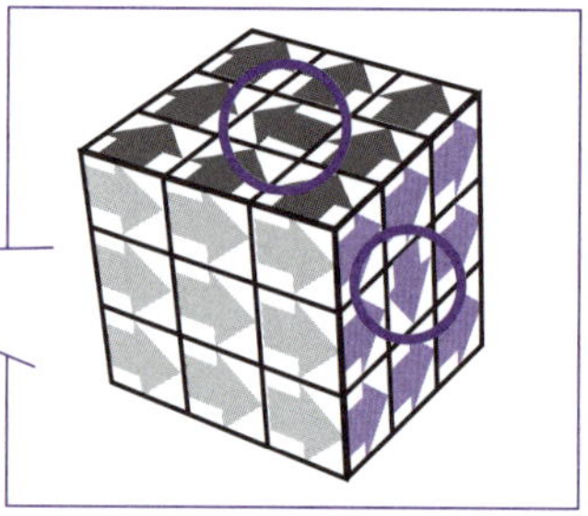

1 先把深灰色中心转到浅灰色面。

2 深灰色中心顺时针转90度。注意只要看深灰色中心就可以了，其他部分不用理会。

3 深灰色中心转回深灰色面。此时深灰色中心方向已经正确。1~3视为预备动作。

4 把深紫色中心移到深灰色面。接下来准备把1~3的动作复原。

转法

转完状态

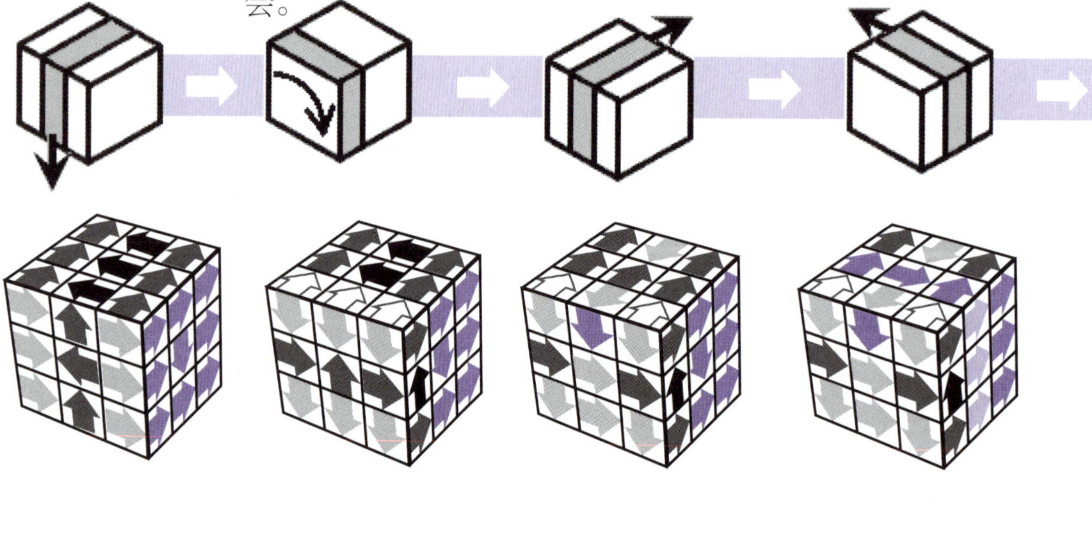

## 这八个步骤连接起来是：

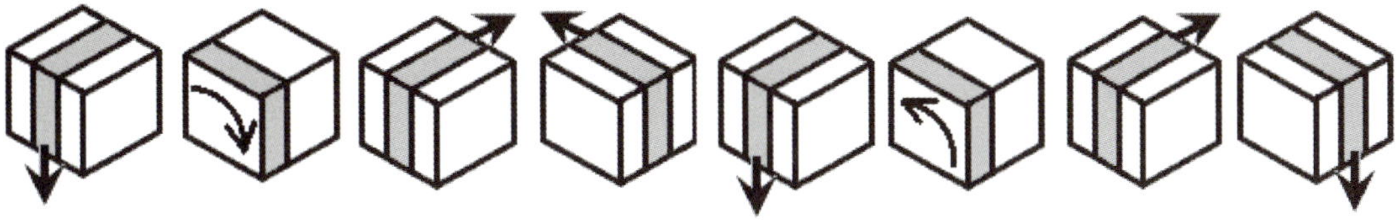

5 把深紫色中心移到浅灰色面，准备转好方向。此步与 3 相反。

6 深紫色中心逆时针旋转90度。此步与 2 相反。

7 将深紫色中心转回深灰色面。此步与 1 相反。

8 将深紫色中心转回深紫色面。此步与 4 相反。完成中心旋转。

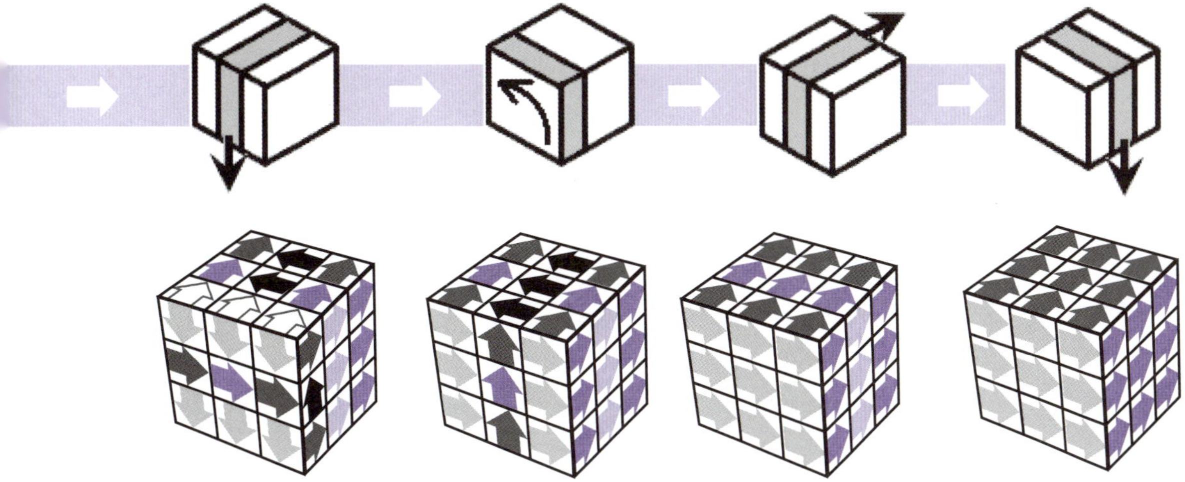

## NOTES !

1. [5]~[7]是[3]~[1]的倒转，其中[2]是转好深灰色中心，[6]是转好深紫色中心。特别注意，深灰色中心、深紫色中心都要在浅灰色面转好，即都要从深灰色面把中心推到浅灰色面。[4]是让深紫色中心取代深灰色中心，[8]是恢复深紫色中心。

2. 同样的情况，如果是深灰色中心要逆时针转，深紫色中心要顺时针转，则将[2]与[6]反向旋转即可。
记忆方式：观察需调整方向的中心要顺时针转还是逆时针转，就朝那个方向转。但应记住，一定要一顺一逆，不可两顺或两逆，否则魔方颜色会混乱。

3. 当然也可以对深灰色中心和深灰色的对面中心做旋转。例如只要[4]转180度，把深灰色对面的中心转到深灰色面即可；[8]恢复也是转180度。

4. 也可以同时将两面中心转180度，例如只要将[2]与[6]均改成转180度即可。

## （二）单面中心旋转180度。

这部分与两面各旋转90度不同，需要单独处理。主要**流程**为：

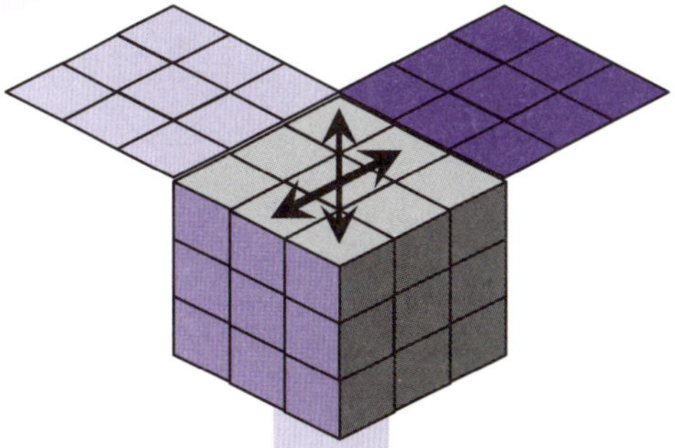

(1)先交换两边两角。

(2)再交换另外两边两角。

(3)最后顶面旋转180度即可。

## 原来的状态：

黑色面中心的箭头是反的，要转180度。

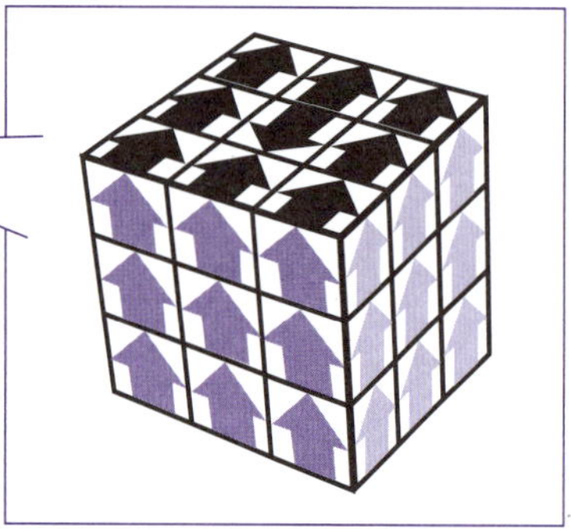

[1] 左往后、右往前转。

[2] 顶面旋转180度，交换两边两角。

[3] 左往前、右往后转，为[1]的倒转。

[4] 顶面顺时针旋转90度，准备换另外两边两角。

**转法**

**转完状态**

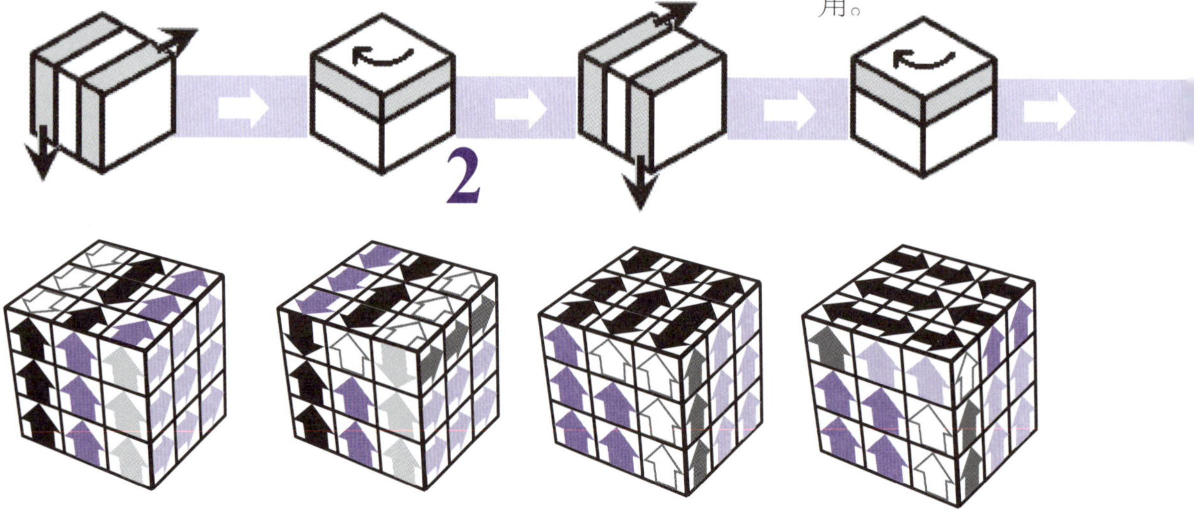

## 这八个步骤连接起来是：

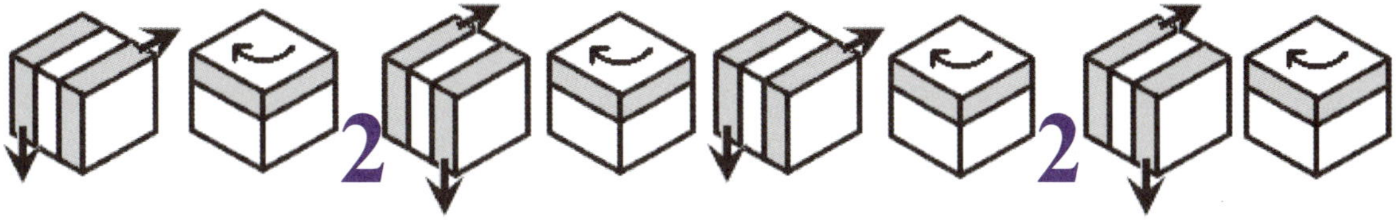


我们记作 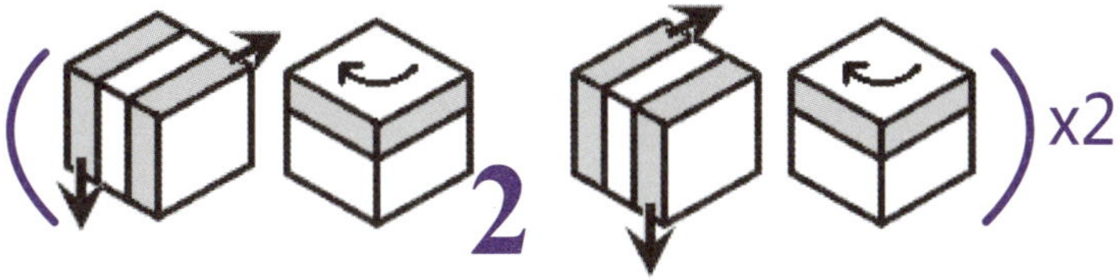


5
左往后、右往前转，与3相反。

6
顶面旋转180度，交换另两边两角，与2相反。

7
左往前、右往后转，与1相反。

8
顶面顺时针旋转90度，调整六面颜色，黑色中心完成。

# 河南科学技术出版社部分畅销书目录

| | |
|---|---|
| 全图解棒针编织入门 | 34.80 |
| 全图解钩针编织入门 | 32.80 |
| 全图解花片钩织入门 | 32.80 |
| 全图解蕾丝钩织入门 | 32.80 |
| 全图解日韩范儿毛衫编织 | 38.90 |
| 全图解甜蜜情侣毛衫编织 | 38.90 |
| 全图解最靓儿童毛衫编织 | 38.90 |
| 全图解个性混搭毛衫编织 | 38.90 |
| 钩出超可爱立体小物件100款 | 26.00 |
| 钩出超可爱立体小物件100款 · 唯美植物篇 | 26.00 |
| 钩出超可爱立体小物件100款 · 情迷玫瑰篇 | 26.00 |
| 钩出超可爱立体小物件100款 · 创意花边篇 | 26.00 |
| “钩”出你的味蕾——好好吃的毛线小物 | 25.00 |
| 不一样的居家钩织：25款床罩、披肩和盖毯 | 36.00 |
| 女孩子的手编小饰品111款 | 25.00 |
| 风靡亚欧的手编小饰物119款 | 25.00 |
| 零起步钩出贴心宝贝装 | 25.00 |
| 魔法棒针——1天就能完成的围巾 · 帽子 · 小物件 | 22.80 |
| 魔法钩针——1天就能完成的围巾 · 帽子 · 小物件 | 22.80 |
| 悠游编织生活：趣味钩针小物 | 21.00 |
| 布艺样的家 · 25款布艺礼物轻松做 | 36.00 |
| 布艺样的家 · 冬情夏趣居家布艺 | 30.00 |
| 布艺样的家 · 可爱猫狗图案家居布艺 | 36.00 |
| 布艺样的家 · 创意家居布艺 | 23.00 |
| 布艺样的家 · 花样布艺手工包 | 32.00 |
| 布艺样的家 · 节日家居布艺 | 36.00 |
| 布艺样的家 · 快乐动物布艺 | 25.00 |
| 布艺样的家 · 温情家居布艺 | 26.00 |
| 布艺样的家 · 温馨儿童房间布艺 | 33.00 |
| 布艺样的家 · 温馨家居布艺 | 36.00 |
| 布艺样的家 · 绚丽家居布艺 | 30.00 |
| 布艺样的家 · 阳光家园布艺 | 33.00 |
| 布艺样的家 · 自由风机绣布艺 | 32.00 |
| 25款预约幸福的手作 | 29.80 |
| Shinnie的手作兔乐园 | 33.00 |
| Shinnie的布童话 | 30.00 |
| 巴黎风格的布杂货 | 28.00 |
| 布艺达人的居家创意DIY | 29.80 |
| 布艺样的牛奶盒 | 25.00 |
| 好可爱拼布 | 33.00 |
| 基础拼布小字典 | 10.00 |
| 就是爱机缝手作包 | 28.00 |
| 妈妈爱缝纫给宝贝的可爱布手作 | 28.00 |
| 手作达人教室：每天一款靓包包 | 28.00 |
| 手作族一定要会的缝纫基本功 | 32.80 |
| 温柔手感：机缝室内鞋 | 29.80 |
| 我爱布杂货 · 爱上温暖感布作 | 38.00 |
| 我爱布杂货 · 布作元素百搭超活用 | 38.00 |
| 我的缝纫机笔记 | 39.80 |
| 我的居家手艺书 · 加强版 | 36.00 |
| 我的贴心玩偶 · 加强版 | 36.00 |
| 把刺绣变简单 | 39.80 |
| 北欧风情的刺绣小样 | 26.80 |
| 格子教你做甜点手工皂 | 33.00 |
| 恋上刺绣 | 23.80 |
| 青木和子的十字绣——野花园 | 23.80 |
| 青木和子的唯美刺绣——玫瑰花园 | 28.00 |
| 时尚花饰100例 | 28.00 |
| 丝带绣的花样世界——图案与技巧 | 36.00 |
| 送给宝宝的可爱刺绣图案集 | 25.00 |
| 巧手易（第46期） | 38.00 |
| 巧手易7年精选拼布作品集 | 45.00 |
| KaKa手工生活35 | 25.00 |
| 最详尽的甜点教科书 | 48.00 |
| 烘焙新手必备的第一本书 | 68.00 |
| 金牌主厨的法式甜点 | 49.80 |
| 法式烘培的时尚甜点 | 45.00 |
| 不一样的起司蛋糕 | 36.00 |
| 超人气面包制作大全 | 30.00 |
| 在家做西点 | 28.00 |
| 超可爱裱花蛋糕 | 30.00 |
| 超可爱艺术饼干 | 30.00 |
| 梦幻多层蛋糕 | 30.00 |
| 四季水果甜点 | 36.00 |
| 新手也会用的异国酱料 | 32.00 |
| 新手也会做的酱渍泡菜 | 29.80 |
| 蓝带甜点师的纯手工果酱 | 29.00 |
| Julia's香草满屋 | 29.00 |
| 365天种花宝典 | 48.00 |
| 好吃好玩种子盆栽 | 28.00 |
| 花盆中的蔬果乐趣 | 29.80 |
| 养花的心情自此满足 | 29.80 |
| 创意绿花艺 | 38.00 |
| 居家盆栽变花园 | 38.00 |
| DIY袖珍木工屋 | 25.00 |
| 创意趣味画 二笔画 | 16.80 |
| 创意趣味画 一笔画 | 16.80 |
| 亲子简笔画总动员 | 18.00 |

▶ 请沿此虚线剪下，传真或直接寄回

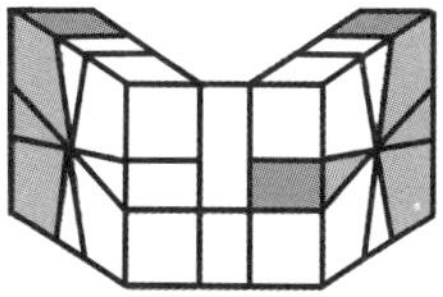

魔方高手制霸技

450002

**寄：** 郑州市经五路66号

河南科学技术出版社对外合作部　　收

# 读者回函表

花一点点时间，寄回您的宝贵意见，感谢哦！

亲爱的读者，您好！感谢您对本书的关注！为了给您提供更多更好的手工类图书，我们渴望知道您的想法，这是一块完全属于读者的园地，请不要客气。留下您的宝贵意见，要记得寄回来哦！

购买书籍名称：

读者资料

姓名： 性别： □ 女 □ 男

联系电话(手机/座机)： 职业：

电子信箱：

想听听您对本书的意见

1. 您是从哪里买到本书的呢？

□ 新华书店 □ 超市 □ 网站 □ 地铁站、机场、火车站

□ 其他（请注明）

2. 您对本书的总体印象是：

□ 非常满意 □ 比较满意 □ 一般 □ 不太满意

□ 其他（请注明）

3. 您最想购买关于哪方面的手工书？

□ 编织 □ 拼布类 □ 纸艺类 □ 串珠

□ 家居布艺 □ 皮革创作 □ 其他（请注明）

4. 您会继续购买本系列相关书籍吗？

□ 会 □ 不会

为什么？

5. 您可以接受手工书的价位为：

□ 15～25元 □ 26～33元 □ 34～45元 □ 14元以下

□ 其他（请注明）

6. 本书您喜欢的是：

□ 封面 □ 书名 □ 版式

□ 内容 □ 作者 □ 印刷

□ 其他（请注明）

7. 您对本书或者本公司有什么建议？

说明：

回函邮箱：henankeji2009@163.com 传真：0371-65727616

kaka 手工生活

www.diytimes.com